有声语言艺术经典文丛

播音和语法

施 旗 著

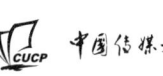
中国传媒大学出版社
·北京·

图书在版编目(CIP)数据

播音和语法 / 施旗著. --北京:中国传媒大学出版社,2024.12.
(有声语言艺术经典文丛).
ISBN 978-7-5657-3669-8

Ⅰ.G222.2;H146

中国国家版本馆 CIP 数据核字第 2024LM0846 号

播音和语法
BOYIN HE YUFA

著　　者	施　旗	
策划编辑	赵　欣	
责任编辑	张　笛　高卓毓	
责任印制	李志鹏	
封面设计	风得信设计·阿东	
出版发行	中国传媒大学出版社	
社　　址	北京市朝阳区定福庄东街 1 号	邮　编　100024
电　　话	86-10-65450528　65450532	传　真　65779405
网　　址	http://cucp.cuc.edu.cn	
经　　销	全国新华书店	
印　　刷	唐山玺诚印务有限公司	
开　　本	710mm×1000mm　1/16	
印　　张	7.5	
字　　数	80 千字	
版　　次	2024 年 12 月第 1 版	
印　　次	2024 年 12 月第 1 次印刷	
书　　号	ISBN 978-7-5657-3669-8/G·3669	定　价　38.00 元

本社法律顾问:北京嘉润律师事务所　郭建平

序　言

　　播音是给人听的。有的播音听来很顺耳，不费劲就听进去了；有的播音听来非常吃力，甚至使人不知所云。原因是多方面的，其中，有的播音员不注意学习语法，不遵循汉语语言结构的规则，可能是造成后一种播音的重要原因。

　　有人会问：写作讲究语法，这是谁都知道的，而播音一般是播读别人写的稿子，它和语法有什么关系呢？本书作者施旗同志回答了这个问题。播音和语法的关系很密切，研究语法可以说是播音员的基本功之一。播音中出现的语言上的毛病，有一些很明显不是稿子写错了，而是播音表达错了；有一些是稿件中有语病，播音时可能照原稿播读错了。这都会在听众中造成不良影响，甚至引起误解。我们常说："这个播得散，语句不抱团。""那个播得集中，串成线，抱成团。"这就是说，播音不是随意性地传达单词、单句，而是依照语法规则和主题思想的"线",将词、句、段、篇加以分解与组合,"串成线,抱成团",传达出一个个完整的意思。

这是准备和掌握一篇稿件的起码要求。作者在本书中阐述了如何把现代汉语语法规则运用到播音中,材料丰富,问题讲得切合实际,对我们搞好播音工作会有不少帮助。

作者在本书中讲到的五个问题,都是播音工作中需要注意和解决的实际问题。作者从语法规则上阐明了各类词读音变化的规律,这在播音中是个很值得注意的问题。汉语语音的"四声"有区别词义的作用,轻重音也有区别词义的作用。读错了,就会造成词义上的误解。作者对播音如何掌握语法停顿,用正反两方面的大量材料讲述得详细、具体,内容充实。正如作者所论述的,我们播音中有各种各样的停顿,而各种停顿都要以语法停顿为基础。语法停顿一定要和语言结构相适应,否则,就会使语意的表达受到影响。

我也很同意作者谈的另一个观点,就是播音员要加强语言方面的修养,提高鉴赏和分析语言的能力。"善于运用语言的人,叙事能让人仿佛目睹,说理能让人心悦诚服,片言只语可以久而不忘,长篇大论也可以听之不倦,这样的经验咱们的记忆里不是没有。"(吕叔湘《语言和语言学习》)当然,要每个人都成为这样的语言大师,是不可能的,但是作为一个播音员——每天面对千百万人的党的宣传员,语言修养的重要性是谁也不能否认的。学习吧，同志们！本书作者从单句、复句到语段，都举例进行了详细的语法分析，我们可以从中学习到语法分析的方法和手段，这对我们分析理解稿件和正确表达内容是有帮助的。

施旗同志是北京广播学院的教授，长期从事语言教学工作，并热心于广播语言的研究。他不是专门搞播音工作的，这本书也不是全面谈论播音业务的，所谈问题不一定都很准确，但作者从遵循语法规则这个角度来谈改进播音的一些问题，还是很有参考价值的。建议搞播音工作的同志读一读，相信会受到启发和裨益。

齐　越
一九八五年九月

目录

第一章　不同词性和语音变化 …… 1
一、实词的语音变化 ………………… 2
二、虚词的语音变化 ………………… 12

第二章　语言结构和语音停顿 … 23
一、语音停顿要和语言结构相适应 … 23
二、语言结构中哪些地方可以停顿 … 26
三、掌握好语法停顿中的不同等级 … 49

第三章　句子类型和语气语调 … 52
一、弄清句类和语气语调的关系 …… 52
二、语句中需要加强语气的词语 …… 66

第四章　抓主干　理枝叶　分层次… 77
一、抓住主干　理清枝叶　…………… 77
二、分清层次　明确关系　…………… 87

第五章　紧张型语句和舒缓型语句… 95
一、紧张型语句　……………………… 95
二、舒缓型语句　……………………… 103

后　记　……………………… 109

第一章　不同词性和语音变化

　　语法上讲的词类，是指词在语言结构中表现出来的类别。现代汉语的词，根据词的语法特点并结合词的意义，可以分为实词和虚词两大类。实词包括名词、量词、动词、形容词、代词、副词、数词；虚词包括助词、语气词、感叹词、介词、连词等。做播音工作，需要掌握常用词的词性，也就是能够分清词的所属类别。辨别清楚各个词的词性，明确每个词属于哪一词类，这和播音工作有什么关系呢？抛开各类词的语法特点和用法不谈，就拿词的读音来说吧，不同类别的词，有不同的读音要求，有的词读音没有变化，有的词要求重读，有的词需要轻读。有些类别的词可以重叠使用，重叠后几个音节的读音往往要有变化，或者"前重后轻"，或者"前轻后重"。掌握不同词类读音的变化，对播音工作来说，是非常有必要的。汉语语音的"四声"和轻重音，都有区别词义的作用，音读错了，词义就表达错了。以下以实词和虚词中常见的类别予以介绍。

一、实词的语音变化

实词的语音变化，多半表现在重叠词和词缀上面。

（一）名词

现代汉语的名词，除少量带有量词性质的以外，一般是没有重叠形式的，读音也很少有轻重的变化。有些名词在句子中作为语意重点时，需要重读，但这不是词性决定的。有些带有词缀的名词，读音有变化。例如：

桌子　椅子　胖子　孩子　谷子
石头　芋头　日头　念头　甜头
鸟儿　花儿　瓶儿　盖儿　尖儿

前面的词素是词的主体，表示具体词语意义，叫实词素，读音不变。后面的"子、头、儿"是虚词素，没有具体意义，叫词缀或词尾，读音有变化，变为轻声。"子、头、儿"是实词素而不是词缀的时候，就不要读轻声。例如：

孔子　孟子　孝子　瓜子　荀子

桥头　炕头　心头　女儿　幼儿

汉语语音的"四声"能区别词义，轻重音也有区别词义的作用。播音中如果读得不准确，如把"老子和你拼了"读成"老子……"，把"看头"读成"看头"，就会造成词义表达上的错误。有的播音员把表示"龙头龙尾"意思的"龙头"，读成"龙头"，这也是错误的，这里的"头"并不是词缀，而是词根，是实词素，不应该读轻声。

"儿"和前一个词合为一个音节，称"儿化"，但有时"儿"也单独读成一个音节，这时要读轻声。例如：

花儿朵朵向阳开　月儿弯弯照九州

鸟儿在空中飞翔　鱼儿在水中游动

另外，有些表示称呼的叠音名词，两个音节读音不同，后一个音节要读轻声。例如：

爷爷　奶奶　姥姥　婆婆　公公

妈妈　爸爸　哥哥　姐姐　弟弟

带有量词性质的名词，可以按量词重叠方式重叠，重叠后，两个音节都要重读。例如：

人人　家家　户户　年年　月月

（二）量词

汉语单音节的量词，一般可以重叠使用，重叠后表示"每一"的意思，两个音节都要重读。例如：

个个　件件　条条　棵棵　行行
回回　趟趟　阵阵　顿顿　遍遍

不论是物量词重叠，还是动量词重叠，也不论重叠后在句子里充当什么成分，重叠的两个音节都要重读。有时重叠量词前面加数词"一"，这个"一"也要重读，有时还要读得更重一些。例如：

个个都是好样的。　　　　　　（主语）
歌声阵阵，悦耳动听。　　　　（谓语）
朵朵鲜花美丽，芳香。　　　　（定语）
我们谈起了一件件往事。　　　（定语）

让我一趟趟地来回跑。　　　　（状语）

两个量词重叠，或带有量词性质的两个名词重叠，就是四个音节在一起，这时四个音节都要重读。例如：

双双对对　条条框框　点点滴滴
家家户户　村村寨寨　日日夜夜

重叠后几个音节都重读，这是量词读音的特点，其他词类重叠之后，读音的要求和这不相同。

（三）动词

动词读音的变化，主要表现在词的重叠用法上面。现代汉语的单音节动词，许多是可以重叠使用的。例如：

说说　听听　看看　想想　谈谈
走走　坐坐　歇歇　唱唱　跳跳

单音节动词重叠，从词义上来说，表示动作的"短暂"，或者表示"尝试"，这时后一个音节要读轻声。如果后一个音节不读轻声，听起来就很不顺耳了。播音实践中出现过这种问题。双音节的动词，不少也可以重叠使用，重叠以后，后两个音节要读轻声。例如：

研究研究　学习学习　讨论讨论
商量商量　整理整理　调节调节
宣传宣传　批评批评　教育教育

单音节动词和双音节动词，都可以重叠使用，重叠之后，读音就发生了变化。其变化的特点是"前重后轻"，这和量词重叠读法不同，和形容词重叠的读法也不相同。

有一种动词叫趋向动词，经常附在动词或形容词谓语之后作补语，只表示一种趋向，而不表示动作。这种作补语的趋向动词，都要读轻声。例如：

放上　搁下　叫来　出去　拿出　打开　抬起
扶起来　倒下去　走出来　赶出去　叫回来　跑过去
月亮爬上来　不能消沉下去

这类趋向动词，有时也作一般动词用，这就要注意加以区别，不然判断错了，也会读错。作一般动词用的时候，表示动作，不表示趋向，就不能读轻声了。请比较下面的用法：

（1）你进去把他叫出来。

（2）我去宿舍拿一下书包就跟你一块去。

（3）活儿挺紧，早晨大家一起来就干起来了。

我们一块来分析这四句话。第一句的"进去"表示一种动作，在句子里作谓语，不能读轻声。"出来"是"叫"的补语，表示趋向，要读轻声。第二句有两个"去"，都表示动作，不表示趋向，都不能读轻声。第三句有两个"起来"，它们的读音不相同，因为前一个"起来"是起床的意思，表示动作，作谓语；后一个"起来"是开始的意思，作补语，要读轻声。词性和语音就是这样密切相关的，只有正确地掌握词性，才能使读音准确。

（四）形容词

形容词有好几种重叠方式，读音多变化。单音节形容词重叠，读音方法和动词正好相反，是"前轻后重"，后一个音节要比前一个音节读得重一些。例如：

好好学习　　慢慢进步　　快快完成

圆圆的脸　　大大的眼睛　黑黑的头发

双音节形容词重叠,与单音节形容词重叠的读法有所不同,第二、四个音节可以轻读。例如:

老老实实　稳稳当当　大大方方
整整齐齐　干干净净　马马虎虎

形容词有一种双音节重叠方式,跟双音节动词的重叠方式是一样的,都是"ABAB"的格式,但由于词性不同,它们的读音是不一样的。例如:

漆黑漆黑的夜　　雪白雪白的富强粉
马路笔直笔直的　河水冰凉冰凉的

这种重叠式的形容词,没有明显的语音变化,不能按"了解了解、调查调查、研究研究"等动词重叠的"前重后轻"来读,"笔直笔直、冰凉冰凉"没有轻重音的变化。这就要注意区别词性,这种重叠的形容词后面常常跟一个"的"字,在句子里作定语或谓语;而双音节动词重叠,后面不需要跟"的"字,在句子里常作谓语。

形容词有一种专门重叠词尾的形式,词尾重叠后,口语中都读阴平,也可读原调。例如:

绿油油　白花花　红彤彤　黑乎乎

灰溜溜　热乎乎　亮堂堂　冷清清

动词也有少数这种重叠词尾的词,多半用在口语里,但读音和形容词不同,重叠的词尾最后一个音节要读轻声。例如:

打哈哈　打转转　画圈圈　躲猫猫

形容词还有一种重叠形式,叫不完全重叠式,是"A里AB"的格式,读的时候前两个音节偏重,后两个音节偏轻。例如:

糊里糊涂　慌里慌张　牛里牛气

怪里怪气　小里小气　傻里傻气

"你太糊涂""这个人真牛气","糊涂"和"牛气"单独使用,语音没有变化,但组成"A里AB"的重叠格式,读音就发生了变化,"牛里牛气"的"牛气","糊里糊涂"的"糊涂",就都要轻读了。

还有一种由四个音节组成的形容词,多半在口语里使用,正确的读法是第二个音节读轻声。例如：

黑不溜秋　黑咕隆冬　花里胡哨

（五）代词

代词怎么读，要看它在句子里起什么作用。表示疑问或者反问的代词，一般需要重读。疑问代词表示"任指"的时候，要比别的词读得重一些；表示"虚指"的时候，就不能重读了。所谓"任指"，就是代替任何人或任何事物；所谓"虚指"，就是代替不确定的人或事物。请看例子：

（1）你准备去哪儿呀？　　　（表示疑问）
（2）你怎么不知道他是谁？　（表示反问）
（3）哪种好我们就选用哪种。（表示任指）
（4）他们在那好像研究什么。（表示虚指）

如果见到疑问代词就重读，声调提高，那不对，我们要分析，看它在句子中起什么作用。比如上面举的第四个例句，如果把"什么"重读，提高声调，把陈述句读成疑问句，意思就表达错了。

（六）副词

副词基本上没有轻重音的变化，重叠以后也不要求重读或轻读，如"偏偏、刚刚、统统"等。表示程度最重的副词，在语意上常常要加以强调，这时候要读得重一些。如"这件事办得非常成功""他高兴极了"，"非常""极"都是为了强调程度而重读的，并不是由词性决定的。

但有一个副词常常需要重读，就是"是"。"是"常用在宾语前作谓语，表示判断，如"中国是发展中国家""九月十日是教师节"，这时"是"是动词，读音没有变化。"是"又可以用在动词、形容词充当的谓语前作状语，这时它是副词，表示加强语气，一般需要重读。请比较下面的句子：

（1）他是我们厂的工程师，技术水平是高，领着我们攻破一个又一个技术难关。他这个人是有本事。

（2）这样改革是好，大锅饭吃不成了，大家都使足劲干，生产效率是比以前高了，起决定作用的是党的政策。

一段话里有好几个"是"，有的要重读，有的不需要重读，怎样把握呢？主要就是看词性，"是"作动词时，不需要重读；"是"作副词时，一般要重读。

二、虚词的语音变化

虚词没有具体的意义,不能单独作句子成分。虚词的语音变化,主要表现在轻声上,可以说,大多数虚词要读轻声。

(一)助词

助词是附着在词或词组上表示附加关系或时态等语法意义的虚词,多半要读轻声。常见的助词有结构助词和时态助词。

结构助词有"的、地、得":"的"是定语的标志,"地"是状语的标志,"得"是补语的标志。它们在作结构助词时,都要读轻声"de"。例如:

(1)我们要发扬艰苦奋斗的作风。
(2)大家要认真地做好各项工作。
(3)同志们个个都累得满头大汗。

这个规则可能大家都懂,可是在实践中却时有读错,如读成"伟大的(dì)共产党""我国的(dè)四化建设""快快地(dì)拿来""起得(dé)早""穿得(dé)好",等等,不知是受方音的影响,还是不注意读走了调?这几个字在作结构助词时一定要读轻声。但要注意,它们不作结构助词时,就不一定读轻声。请比较下面的例子：

（1）满园盛开着鲜艳的花朵。
（2）这点小毛病不要紧的。
（3）他是开车的。
（4）他十点钟到的北京。
（5）我昨天来的上海。
（6）你赶快把孩子接走，有个好歹的咱负不起责任。
（7）厂里新设了一个阅览室，看个报纸杂志什么的很方便。

第一句的"的"是结构助词，第二句的"的"是语气词，都需要读轻声。第三句的"的"和前边的词组"开车"组成"的"字结构，相当于一个名词；第四句和第五句的"的"都是表示过去时态的助词，有强调的意味，这三个"的"都不读轻声，而要读得稍重一些才合适。第六句和第七句中的"的"附在联合词组之后表示"等等、之类"的意思，要读轻声。

"得"由于词性不同，也有几种不同的读法。例如：

（1）大家高兴得跳起来。
（2）这个人我认得。

（3）这次考试得了八十分。

（4）你得了吧，谁还不知你那两下子。

（5）你不想去也得去。

（6）得，这次又没成功。

第一句的"得"是结构助词，要读轻声。第二句的"得"是虚词素，和"认"合成一个词，也要读轻声。其他还有"懂得、干得、看得、去得"等，其中的"得"都读轻声。第三句的"得"是动词，第四句的"得"也是动词，都不能读轻声了，要读阳平。第五句的"得"是能愿动词，要读"děi"。第六句的"得"是叹词，要读阳平"dé"。

时态助词"了、着、过"，分别表示完成时态、持续时态和经历时态，都要读轻声。例如：

（1）我已经学完了大学的各门课程。
（2）大家拿着工具一块走向工地。
（3）这班学生学过汉语和文学课。

如果把时态助词"了"读成"liǎo"，把"着"读成"zhāo"，把"过"读成"guò"，都是不对的。它们作时态助词时，一定要读轻声，不作时态助词，不一定读轻声。下面举一些不作时态助词的例子：

（1）这笔账咱们就算了结。
（2）让他这样胡闹下去还得了。
（3）那个疼劲可真叫人受不了。
（4）这有什么了不起的，我负责。
（5）文章写得清楚明白，让人读来一目了然。

"了结"是动词；"得了"是形容词；"受不了"的"了"和"不"连用，表示"不可能"；"了不起"是形容词；"了然"是形容词。这几句中的"了"都不是时态助词，所以不读轻声，而读"liǎo"。

（1）他这一着可真厉害。
（2）天凉了，早晚多穿点，可别着凉。
（3）他这阵子对看球赛简直着了迷。
（4）说着说着他便睡着了。
（5）这事儿你管不着。

第一句的"着"是名词，需要读阴平。第二、三两句的

"着"是动词,要读阳平。第四句的"着",前两个是时态助词,读轻声,最后一个是形容词,读阳平。第五句的"着"和"不"连用,表示"不可能",也读阳平。"着"不作时态助词时,读轻声不合适,如把第四句"睡着(zháo)了"读成"睡着(zhe)了",意思表达得就不对了。

(1)这条胡同很宽,汽车过得去。
(2)我一个人干得过来。
(3)咱俩没啥过不去的。

这几句中的"过",都不是时态助词,是实词,所以都不读轻声,读去声"guò"。

还有几个助词需要读轻声,比如"似的",常和前面的词或词组组成助词结构,在句子中充当谓语或状语。不管作什么成分,这个"似的"都要读轻声。例如:

(1)他仿佛喝醉了酒似的,摇摇晃晃地走着。
(2)大雨像瓢泼似的下个没完。

"看"这个字作动词时读音没有变化。如果"看"附在单音或双音重叠动词后,作助词用,读音就会发生变化。例如:

试试看　说说看　做做看　想想看

穿穿看　商量商量看　试验试验看

"看"放在重叠动词后，有一种明显的尝试意味，要读轻声。假如把助词"看"读重了，读成动词，语意就会受到影响。

"连"这个助词，读音和其他助词不一样，它不需要轻读，而要重读。这和它的作用有关系，它表示强调的意思，所以它和后面紧相连的词都要重读。例如：

（1）你怎么连我都信不过了？

（2）这几年，我连小病都没得过。

（3）这个人我连见过都没见过，更谈不上熟悉了。

助词语音变化的特点，是大部分助词要读轻声；个别助词需要重读；有几个助词读音没有变化，如"所做、所说"的"所"，"同志们"的"们"，"十来个"的"来"，"百把个"的"把"等。另外，要注意把握轻声和轻读的度。

（二）语气词

语气词的作用，是附着在整个句子上，表示各种语气。语气词的读音,和句子的语气类型有直接关系。汉语的句子按语气来划分,可以分为陈述句、疑问句、祈使句和感叹句。用在陈述句末尾的语气词,一般要读轻声。例如:

(1)我们永远不会忘记革命先烈的。
(2)他还不知道这是怎么回事儿呢。
(3)最近又有一批知识分子入党了。

语气词如果是放在陈述句的中间,表示停顿、强调、动作延长等,就不能读轻声了,一般要读阴平,语音拉长。例如:

(1)兰州的夏天,白兰瓜呀、西瓜呀、香瓜呀,什么都有。
(2)我们立刻派人四处寻找,找哇,找哇,找到天亮也没找到。
(3)我们走到半路就下起小雨了,可是雨衣呢、雨伞呢,都忘带了。

表示疑问的语气词,用在疑问句的末尾,随着句子语调的上扬,就不能读轻声了。例如:

（1）你究竟去不去呀?
（2）这件事儿你知道吗?

祈使句末尾的语气词读音有两种情况：如果句子表达的语气比较缓和，一般读轻声；如果句子有明显的要求、命令等意思，语气比较强烈，语气词就不能读轻声了。请比较：

（1）你可以走了，这儿的事不用你管了。
（2）时间不早了，大家赶快走吧!
（3）同学们要自觉遵守课堂纪律啊。
（4）人证物证俱在，你老实交代吧!
（5）任务就要完成了，大家要再加把劲呀!

感叹句末尾的语气词，一般要读轻声，但当句子表达强烈感情时，随着语调的变化，语气词也就不能读轻声了。例如：

（1）我们可把你盼来啦!
（2）啊，这里的山水多美呀!
（3）敬爱的周总理，您离开我们太早啦!
（4）你看现在的形势多好哇!

语气词"啊",因为和前面一个音节的韵母或韵尾连读,出现 ia、ua、na、nga 等的变音(此指"啊"的变调),播音时要注意掌握,否则,读着不顺口,听着不顺耳。它们作语气词时,都读轻声。例如:

(1)我们走的不是一条路啊!
(2)今年的庄稼长得多好哇!
(3)你们一定赶快找我来呀!
(4)同志们赶快到这来看哪!

"啊"既作语气词,又作感叹词。作感叹词和作语气词不同,它总是独立在句子结构之外,表示一种强烈的感情,读音不读轻声,有时候还需要重读。例如。

(1)啊,多么迷人的大海呀!
(2)走进七星岩,啊,简直像来到仙境一般!

(三)感叹词

感叹词是一种特殊的虚词,它不能和其他词发生特定的关系,它在表示惊讶、赞美、悲伤、痛苦、愤怒、斥责、欢乐、愉快等强烈感情时，在表示应答时，一般不读轻声，有时还要重读。感叹词和语气词的语法作用不同，播音时先要弄清楚它们的区别，才能读准确。

最后再谈谈"了"，它既可以作语气词，又可以作时态助词。语法作用不同，在句子里放的位置有时也不同，但读音是一样的，都读轻声。例如：

（1）新中国成立前，那个花园被糟蹋得不成样子了（语气词），现在又都修好了（语气词），新修了（时态词）假山，栽种了（时态词）大量花木，还修了（时态词）一个莲花池，游人越来越多了（语气词）。

语气词"了"和时态助词"了"，虽然读音一样，但也有必要把它们区别开。读语气词"了"，要着重表达它的语气；读时态助词"了"，要着重表达它的时态。

综上所述，词性和语音，关系是很密切的。有的播音员对这个问题不大注意，甚至不了解它们之间有什么关系。要想播音时能够准确掌握语音变化，就必须熟悉各个词的词性。有的播音员只凭语感、习惯来播读稿件，至于读的都是些什么类别的词，词性是什么，根本不清楚。这样可能读对，但也可能读错。只凭语感，知其然而不知其所以然，是不可靠的。比如结构助词、时态助词等，在播音中有时就被读错，主要原因就是没把词性弄清楚。举两个例子：

（1）那个年轻人一向爱吵架，你偏去惹他，得，这回你算惹着了，等着瞧吧！

（2）你曾说过，过完年就来我在的城市找工作，现在春节都过了，怎么还不过来呢？

第一句中有两个"着"，读音一样吗？只有弄清它们的词性，才能确定它们的读音。两个"着"不能读成一样的，因为第一个是动词，第二个是助词。第二句更麻烦，一共有四个"过"，读时，也得先弄清它们的词性。第一个"过"是助词，第二、第三个"过"都是动词，第四个"过"是趋向动词。这样分清楚，读音的变化也就好掌握了。

第二章　语言结构和语音停顿

一、语音停顿要和语言结构相适应

播音时，在段落之间、句子和句子之间、句子内部词语之间，常常有或大或小、或长或短的停顿。这些不断出现的停顿，是不是由播音员主观随意决定的呢？当然不是。那么，这些不同停顿的依据是什么呢？基本上是出于两个方面的需要：一方面，是出于生理的需要，把较长的话、较多的内容一口气说完是很困难的，中间需要换气，调节呼吸，于是就自然出现了顿挫、间歇和休止；另一方面，是出于表情达意的需要，播音员通过不同的间歇停顿，把语言结构表达得更清楚，层次关系表达得更分明，就可以更明确、更充分地表达思想感情，更便于受众领会和接受播音的内容。

播音当中有各种各样的停顿，有逻辑停顿、感情停顿、结构停顿、语法停顿等。在这些停顿中，语法停顿是最基本的，也是最主要的。各种停顿，都要以语法停顿为基础。语法，是语言结构的规则。这就是说，播音当中不论是哪一种停顿，都要和语言结构相适应，都不能破坏语言结构。语音停顿如果和语言结构不适应，互相矛盾，就会影响语意的表达。请看下面的例子：

*我们这个小村子有七十多户／人家眼看着富起来了，我家的生活也比过去好多了。三中全会以来，大家都坚决相信党中央／政策错不了，就放心大胆各显其能干起来了。①

这段话有两处语音停顿和语句结构不适应，造成了语意表达上的错误。"有七十多户人家"，这是一个动宾词组，"七十多户"是修饰"人家"的，它是偏正词组。在"人家"之前一停顿，结构被破坏，语意也就表达错了，成了"人家眼看着富起来了"，好像自己没富起来，但这段话根本不是这个意思，是大家都富起来了。"人家"本是"七十多户"的中心词，一停错，就变成"富起来"的主语了。由此可见，语音停顿对语意表达是多么重要。第二处停顿也错了，因为"党中央政策错

---

① 标注"*"表示例句有误，下同。

不了"是一个主谓词组,这个词组是句子的一个"建筑构件",成"块儿"地作"相信"的宾语,不能拆散了。再如:

(1)*领导发给他奖状和奖金/五百元。
(2)*法国/朋友大学教授××来我国访问。

第一句停错了地方,就成了"奖状和奖金"共"五百元","奖金五百元"怎能断开读呢?第二句的读法更闹出了大笑话,法国哪里有什么"朋友大学"呢?"法国朋友"中间怎么能停顿呢?可见,语言的"建筑构件"是不能割裂的,否则切成两半,造成结构不完整,极易出现不符合原意的情况,甚至产生相反的意思。

出现停顿错误,有的是因为缺乏社会知识,如"朋友大学"之类;更多的还是由于缺乏语言方面的修养,缺少分析语言的能力。因此我们播音员要"认识语言,掌握语言"。语法把词、句子组合起来,使之成为可理解的交际工具。一句话,十个字或二十个字,它们并不是平摆浮搁着的。不论是单字还是词组,作为语言的"建筑构件",它们在句子里充当各种成分。这样一来,语言结构就是非常重要的了。所以,我们播音的时候,要看句子是怎样构造起来的,要分析清楚语句结构。有的播音,词语读得清晰准确,可听起来就是觉得别扭,语意也不大容易理解，究其原因，就是没有准确地运用各种停顿，把语意表达清楚。有不少受众反映，好的播音能听出文章的层次和标点来，比自己看还容易明白。

语法停顿，在书面上一般是用标点符号表示出来的，但和句子结构有关的停顿，在书面上并不都用标点符号表示出来。有标点的地方读的时候并不一定都要停顿，或都按标点的等级来停顿。有标点表示的停顿，当然比较容易掌握；没有标点表示的停顿，就要靠正确分析语言结构来掌握。有标点也好，没有标点也好，语音的停顿都不能和语言结构发生矛盾，它们一定要互相适应。播音时如果需要换气，也要服从语言结构的需要，这一点更要注意。

二、语言结构中哪些地方可以停顿

根据语言结构的需要，一句话当中，哪些地方必须停顿？哪些地方可停可不停？哪些地方不能停顿呢？下面就分别举例对这些问题加以分析，着重分析哪些地方需要停顿。

现代汉语的句子根据结构来划分，可以分成主谓句和非主谓句。主谓句，就是具备主语部分和谓语部分的句子；非主谓句，是不完全具备主语和谓语两个部分的句子。简单的主谓句，字数少，结构简单，读着不吃力，听着也好懂，没有特别的需要，就一口气读完，句子中间不用停顿。如果主谓句较长，结构较复杂，读的时候需要换气，那就要分析句子结构，在需要的地方加以停顿。请看下面一段稿件：

这些农户／为了扩大再生产和解决农副产品运输难的问题，迫切需要购买汽车。河北省赞皇县社员／家庭副业发展得比较快。过去这些副业产品／全靠人力板车和马车运往外县、外省去销售，费用高，往返时间长，不少社员都盼望能买一辆汽车。目前／已有三十户社员来厂买了汽车，还有不少社员仍在厂里等候买车。原来比较贫困的徐州地区东海县、铜山县农民／也买了三十辆汽车。

这段稿件虽然已经用了不少标点表示停顿，但播这段话的时候，还需要增加停顿，五处划斜线的地方都可以停顿。从结构上来说，这些停顿都是需要的。第一处主语和较长的状语连在一起，不如主语后停一下，把两部分断开，这样结构更清楚，读着也省力。第二处的主语和谓语两部分都不短，可以用停顿把主谓两部分断开。第三处因为谓语部分长了些，所以可以在主语之后停顿。这句在"过去"之后停顿也可以。第五处的主语部分太长了，根据换气需要和结构需要，这个主语部分之后非停顿不可。用声音传播是播音的主要特点，而听觉语言转瞬即逝，所以，为了自己说得清楚，听众听得明白，播音语句需要短一些，停顿需要多一些，这样也比较适合广泛传播。

停顿应该适当多一些，但也不能乱停。前面已反复阐述过，语音停顿必须和语言结构相适应，就是语言结构需要或允许停顿的地方，才可以停顿，不能因停顿损伤了句子的结构。那么，主谓句各种成分之间，哪些地方可以停顿？哪些地方不可以停顿呢？

先从主语和谓语这两部分来说吧，如果它们在结构上结合得不是很紧，是可以停顿的。但这种停顿是有条件的，并不是所有主语和谓语之间都可以停顿。如果主语部分比较长或谓语部分比较长，又或者两部分都比较长，读起来需要换气，或需要把结构、句意表达得更清楚，这时候两部分之间就可以或者必须停顿。例如：

（1）我国工农业从新中国成立以来直到去年的年平均增长率，在世界上是比较高的。

（2）中国人民革命的伟大成果，是中国人民在中国共产党领导下经过数十年的艰苦奋斗得来的。

（3）在法律规定范围内的城乡劳动者个体经济，是我们国家社会主义公有制经济的必要的有益的补充。

第一句是因为主语部分太长，用逗号表示停顿，把主谓两部分断开了。如不然，一口气很难把全句读完；即使一口气读下来，受众理解起来也有困难。有了停顿，播音员就有机会调节一下呼吸，"以利再读"，受众也有了思考的时间，"以利再听"。第二句谓语部分太长，故在主语部分之后停顿，换口气，好读后面的长谓语。谓语部分从结构上来看，联系都比较紧密，不能有明显的停顿，所以虽然长，中间也没有标点。第三句主语部分和谓语部分都比较长，句子中间就必须有停顿了。在别处停顿不合适，这个句子如分成"两大块儿"，就是主语部分"一块儿"，谓语部分"一块儿"，要停，就在"两块儿"之间停顿合适。因为在这儿停顿，能帮助受众分清语句的结构，语意也就明晰了。上面列举的三个句子，主谓两部分之间都有逗号，播音时看见逗号就可以停顿了。如果这类句子中间没有逗号，播音时也要停顿。因为播音中的停顿，既要根据标点来停，又要根据语言结构的需要来停。根据稿件上的标点安排停顿，虽然很方便，但根据语言结构的需要来安排停顿，会更可靠、更准确。即使有标点，也要弄清语句的结构；为什么停、停在何处，心里明白才好。前面提到过，为了语气的连贯和紧凑，有标点的地方有时也可以不停。语法停顿是有规则的，但在读的时候也有一定的灵活性。

有时候，主语并不长，甚至很短，后面就停顿了。例如：

（1）当曲，在藏语里是沼泽河的意思，它发源于唐古拉山的东麓。当曲，人们又称它为泉河，因为在它流经的地方有着数不清的泉眼，这些大眼小眼无休无止地喷涌着清清的泉水。在江源地区的所有河流中，当曲的水量名列第一。

（2）水珠，小小的水珠，一滴、两滴、三滴，无穷滴水珠，源源不断地向着东方跳跃，一路跳跃，一路结伴，越结越多，终于汇成一条汹涌澎湃的世界长河……

这两段都是《话说长江》的解说词。第一段中，"当曲"两次充当主语，后面有逗号都停顿了。一个词很短，为什么要停顿呢？这倒不是因为句子结构复杂，而是为了强调，强调"当曲"这条河是很重要的河，水量在江源地区名列第一，加深受众对"当曲"的了解和认识。第二段中，主语是"水珠"，后面也用逗号表示停顿。停顿的目的，也是突出和强调"水珠"的意义，别看小小的水珠，一路结伴，终于汇成一条世界长河。再如：

（1）实践／是检验真理的唯一标准。

（2）是党／给了我艺术的新生命。

这两句话都不长，除句号外，句子中没有其他标点，但读的时候，主语之后都需要停顿。"实践"和"是党"都是语意的重点，需要通过停顿来强调。"实践"是一个词，从上下文可以看出它是不是需要强调，如不需要强调，它的后面就不需要停顿。"是党"是判断结构，这种结构本身就有强调的意味。请比较：

（1）新社会使我过上了好生活。（可不停）
（2）是新社会／使我过上了好生活。（要停）

从语句的结构上来说，谓语和宾语结合得紧密，一般中间不停顿。如果句子中没有点号，不长，就要一口气读下来。举几个简单的例子比较一下：

（1）火车／开进了火车站。（主谓间，可停）
（2）*火车开进了／火车站。（谓宾间，不停）
（3）不少青年／要求加入共青团。（主谓间，可停）
（4）*不少青年要求／加入共青团。（谓宾间，不停）

从以上的比较中可以看出，谓语和宾语之间的关系比主语和谓语之间的关系紧密。既然关系紧密，就要连读，中间不要断开。这几个例句比较简单，如果是更复杂一点的句子，谓宾之间也不宜有明显的停顿。如果宾语有一些附加语，那要看情况而定。什么事情都是既有普遍性，也有特殊性。这里大致有两种例外的情况，谓语和宾语之间是可以停顿的。先说一种播音里常见的，例如：

中共中央政治局委员、全国人大常委会副委员长李鸿忠23日在京会见／由主席冈图木尔率领的蒙古民主党代表团。

这个句子很长，从结构上来看，除了在主语李鸿忠之后，在别处加逗号、顿号都不合适，特别是谓语"会见"之后更不能加逗号。但在播音时，读到"会见"就要停顿，这是一种"藕断丝连"的停顿，音停而语气未断。后面的宾语太长，难读，却又要让大家听清楚，就不能不在读这个宾语之前，调整一下呼吸，这也是为了使受众为听清下面重要的宾语做好思想准备。不过这类宾语，一般限于人名或团体名，如果名称不长，谓语之后就不必停顿了。

还有一种谓语和宾语之间可以停顿的情况，就是主谓词组作宾语的时候。例如：

（1）我们坚决相信，我们的"两个一百年"奋斗目标一定能够达到。

（2）"上海老正兴"菜馆员工反映，这些天前来就餐的农民顾客有五大变化，真是想不到。

第一句的谓语是"相信"，谓语后面用了逗号，读到这里要停顿，把谓语和宾语断开。这样处理，从语言结构上来说是允许的，也是必要的。因为后面的宾语是主谓词组，也叫"子句"，它表达了一个相对完整的意思，拿出来也可以单独成为一个句子。大句子套小句子，在谓语和小句子（宾语）之间停顿，并没有影响整个句子的结构，反而使结构更清楚，语意更明确，读起来也更方便。第二句"反映"是谓语，谓语之后有停顿，这里不是因为宾语太长才在谓语之后停顿的，而是因为宾语也是主谓词组，是套在大句子里面的小句子。这个宾语因为有附加成分，所以经过分析才能看出来是主谓词组。读到"反映"之后一停顿，受众就能明确后面要说的是"反映"的内容，表达清楚明确，听着明白易懂。

读上面讲的这类主谓词组作宾语的句子，需要把结构关系分析清楚，不然把结构读错了，就会影响语意的正确表达。请看下面的例子：

（1）*我支持王小虎不遵守财务制度／应该扣发奖金。

（2）*大家都认识到团结合作／是很重要的。

（3）*我们要坚决反对一些不守法的商店／随意提高物价。

这几句话的语音停顿，都和语句的结构不符，造成语意表达不明确。"支持"什么、"认识"什么、"反对"什么，都不够明确。各句的停顿，只考虑到换气的需要，没有考虑到语言结构、语意的需要。这几个句子的宾语，都是由主谓词组充当的，读的时候，要保持这个宾语内部结构的完整性。如果停顿得不合适，就会把宾语这个"子句"拆散，破坏句子的结构，影响语意的明确性。比如第一句，在宾语的中间停顿，语意模糊，不知所指。这句话究竟"支持"的是什么呢？"谁"应该扣发奖金呢？好像怎么理解都可以。这种不明不白的话，广播电视节目中时而有之。仔细研究才会明白，这句话的意思是："<u>我支持王小虎不遵守财务制度应该扣发奖金</u>"。"我"是主语，"支持"是谓语，"王小虎……应该扣发奖金"是宾语，"应该扣发奖金"的是"王小虎"，不是"我"，"我支持"的是"扣王小虎的奖金"，不是"他不遵守财务制度"。后面两句的宾语，"团结合作是很重要的""一些不守法的商店随意提高物价",也都不能给读"散"了,中间不要停顿。如果感觉句子长,想停一下,换口气,那也只能在谓语"认识到""坚决反对"之后停。上面已经讲过,主谓词组作宾语的句子,谓语和宾语之间是允许停顿的。

句子当中并列的词或词组中间,一般要有小的停顿,以表示它们之间的并列关系。并列的不是两项,而是好几项,更要注意用小的停顿来表示清楚它们的关系。这种停顿,在书面上不一定都用标点来表示,我们播音时要注意掌握。例如:

(1)各位听众,这首曲子,叫《江南好》。您听到这优美的乐曲,会想起江南水乡的风光吧,清溪、石桥、小楼、翠竹,颇有几分秀色;也许,您会想起江南的灿烂文化,吴歌、评弹、锡剧,独具地方特色。

(2)沙洲县兆丰乡文化中心实行文化娱乐、体育活动、科技普及、时政宣传"四位一体"的政策,创造了农村精神文明建设的新形式。

(3)秀珍/秀云/秀芹是亲姐妹,秀珍聪明伶俐,秀云心灵手巧,秀芹朴实勤劳。这姐仨你帮我/我帮你,互相关心/照顾/体贴,相处得和和气气,从未红过脸/吵过嘴。

上面三段播音稿中，第一段的"清溪、石桥、小楼、翠竹"和"吴歌、评弹、锡剧"，都是几个名词的并列，原稿上有顿号，表示语法停顿，播音员只要用最短的停顿，就可以把它们的并列关系表示出来。第二段的"文化娱乐、体育活动、科技普及、时政宣传"，是四个词组的并列，原稿用顿号表示它们之间的并列关系。并列的词组之间也可以用逗号，如果用逗号，读的时候停顿时间就要比顿号长一点。要考虑作者的原意，尊重原意。第三段有好几处是并列的词语，但原稿上没有用标点表示出来，这就要靠我们分清结构和层次关系，理解语句内涵，播音时正确运用停顿，把并列关系和作者原意表达出来。第三段中的斜线是停顿提示，可供参考。读下面这种类型的句子，更应掌握好语音停顿：

做老实人，说老实话，办老实事／是对一个共产党员的起码要求。

这句话的主语是三个并列的词组。并列的词组之间有逗号，而整个主语之后却没有逗号，这怎么读呢？有的播音员播这样的句子时，在有逗号的地方停顿，整个主语之后就不停了，将主语的最后一个词组和谓语紧连在一起，使人听起来好像是"……办老实事是对一个共产党员的起码要求"。这就影响了主语结构的完整性。因此读这类句子的时候，不论主语之后有没有逗号，都要有明显的停顿，以便让受众明确前面三个词组都是主语。如果都按标点来读，语意反而不明确了。有些并列的词语，平时人们经常连在一起说，如"德智体美全面发展""男女老少都来参加""眉毛胡子一把抓"，播音时就不需要在这些词语中间停顿了。有些句子中有表示概数的数字，例如：

（1）特别是夏天，气温高达三十七八度，他们仍然坚持创作，排练了大型神话民族舞剧《晚霞》。

（2）那个孩子，看样子也就是五六岁，胖乎乎的，挺可爱。

"三十七八度""五六岁"，读的时候中间是不停顿的。如果读成"三十七、八度""五、六岁"，从语法结构上来说是错误的。

定语、状语、补语都是附加语（修饰语），附加于中心语之上，和中心语结合得比较紧密，所以在文稿中，它们之间一般不用标点符号。如果附加语比较简短，又无特别强调的需要，读的时候就要连读。例如：

（1）消息[像风一样]传<遍了>四乡八村，大伙见了[无不]称好。

（2）同志们，我[现在][给大家]讲（一个）(《残疾人考研究生》)的故事。

由"把""被"等组成的介词结构，和中心语（谓语）结合紧密，中间更不必停顿。有的播音员在这类介词结构之后停顿，就会让人听起来语意不连贯、不完整。下面都是不该停的例子：

（1）*全厂职工共同努力/把今年的生产任务/提前完成了。

（2）*我新买的一本书/被我的同学/给拿走了。

（3）*这些谬论/都已被我国建设事业的胜利/驳得体无完肤。

修饰语和中心语之间，如果没有结构助词，说明它们结合得紧密，读的时候一般不能停，甚至小的顿挫也不需要；如果有粘结的助词"的、地、得"，说明它们结合得不是特别紧，可视情况进行小的顿挫。例如：

（1）张则华知道了王老汉的／这段心酸往事难受得／几顿饭吃不好，他的心与老人的心贴得更紧了。

（2）有一天，王老汉辛辛苦苦地／挑来一担水，一不留意被一块石头绊倒了，嘴唇也磕破了。张则华收工回来，看到这番情景，心疼得流泪。他关切地／问王老汉："老人家，您老这样大的／年岁了，别再干这些重活了。"

分析上面两段文字，我们可以看出并不是有结构助词"的、得、地"的地方都需要停顿。如果被修饰的中心语只是一个简单的词，即使有粘结的虚词也不必停顿。如"贴得更紧""心疼得流泪"，"更紧"和"流泪"都是补语，因为只是一个词或简单词组，所以在"得"之后不需要停顿。

有的附加语之后有结构助词"的"，也不能有停顿。如这样的播音就是错误的：

*沈图到机场迎接并慰问被暴徒打伤的／王永昌和其他同志。

这句话在"被暴徒打伤的"后面一停，语意就变了，被打伤的成了"王永昌和其他同志"。原意并非如此。这句话较长，应该在"王永昌"之后停,表达才是准确的。

修饰语中间能不能停顿呢?这个问题也需要弄清楚,因为播音中常在这方面出问题。下面几个例子,都是播音中出现过的:

(1)*学习中共中央／关于城市体制改革的决定。
(2)*抓住一些群众／最关心、最迫切要求解决的问题。
(3)*充分发挥家庭／在文明村建设中的作用。

这几句话都在修饰语中间停顿了,都停错了。第一句"中共中央关于城市体制改革",是"决定"的定语,这个定语中间不能停顿。在"中共中央"之后停顿,把定语断开,使人听起来误认为"学习"的是"中共中央",而不是"决定"。第二句在"抓住一些群众"后停顿,显然表达错了。"一些群众最关心、最迫切要求解决",是"问题"的定语,不能割裂,要保持它的整体性。第三句的"家庭"也是定语的一部分,其后面不应该有停顿。

那么,是不是修饰语中间都不能停顿呢?不是的,这要看修饰语的具体情况。

修饰语的层次,可以分为三种情况。第一种是一个中心语有几个修饰语，也叫多项附加语。多项定语或状语之间，书写时一般没有标点，但读的时候，可以有小的停顿，但要停而不断。紧挨中心语的一个修饰语，后面不能停顿，要和中心语读在一起。例如：

（1）我们要在独立自主、自力更生的基础上／有分析、有批判地／向外国学习。

（2）他就是大家熟悉的／中央广播艺术团的／有丰富经验的／著名的相声演员马季同志。

（3）我昨天／在图书馆／又仔仔细细地看了好几遍。

读这样的句子，首先必须弄清楚修饰语有几项，只有分析好了修饰语的层次，才能掌握好语音停顿。

第二种是中心语前面有几个词或词组，但它们不是多项附加语，而是联合在一起，作为一个整体来修饰中心语的，叫作联合附加语。例如：

（1）我们国家有很多诚心为人民服务、诚心为社会主义服务、立志改革的人。

（2）要教育全党同志发扬大公无私、服从大局、艰苦奋斗、廉洁奉公的精神。

读这种联合附加语的时候，要让人听出来是几项的联合，中间就要有停顿。但由于它们是作为一个整体来修饰中心语的，因此它们中间的停顿必须短，好让被修饰的中心语早些出现。这种停顿，在书写上一般用顿号表示。

第三种是中心语前面有一串修饰语，这些修饰语一个修饰一个，一环扣一环，相互结合得很紧，挤不出空隙来，哪儿也不好停断。这种叫作递相附加语。例如：

（1）江苏省南京市新街口南北货商店的各地方土特产品比较齐全。

（2）中国传媒大学电视学院电视摄影专业的毕业生，一般会到电视台做电视摄影工作。

这两句话中画波浪线的都是修饰主语的定语，都不算短，但中间没有合适的地方可以停顿。修饰语一个限制一个，在哪儿顿挫或停顿，都会影响语句的结构。比如前一句读成"江苏省南京市／新街口／南北货商店的各地方土特产品"，语意就变了，听起来也不像一句完整的话了。所以，读这种修饰语的时候，一口气读到中心语再停顿为宜。

汉语中还有两种句式，不论长短，书写时中间都不用标点表示停顿。这两种句式一种叫连动式，一种叫兼语式。例如：

（1）大家听了广播／自发坐在一起／议论起来。（连动式）

（2）同学们利用假期／去工厂／参加劳动。（连动式）

（3）他请求领导／分配他／去边疆工作。（兼语式）

（4）老师让课代表／通知同学们／交作业。（兼语式）

前两个句子是连动式，后两个句子是兼语式，都是"前后衔接"型的句子。连动式句子是在主语之后，连用几个动词谓语，表示连续发生的动作（或表示手段和目的），所以谓语之间衔接得十分紧密，从结构上来说，它们之间要连续。但是有时句子比较长，一口气读下来很吃力，那么在适当的地方可以有小的顿挫，但不能是明显的停顿。所谓适当的地方，就是各项动词谓语（包括所带宾语或补语）之间。比如第一个例句，"听""坐""议论"三个谓语中间可以有两次小的顿挫。第三句和第四句是兼语式，这种句子的谓语是由动宾词组和主谓词组套接而成的，是"连环套"的形式，相互之间连接得更为紧密。比如第三句，"领导"是"请求"的宾语，又是"分配"的主语，"他"是"分配"的宾语，又是"去"的主语，这样在哪儿有明显的停顿都不合适，所以书写时没有用标点表示停顿。但在读的时候，中间可以有小的顿挫。顿挫一般放在兼语

的后面。如第四句的"课代表"和"同学们",都是兼语,它们的后面可以稍微顿挫一下,但语气不能断。再请看下面两句话:

(1)我们邀请郎平同志／来学校作报告。
(2)我们希望／郎平同志／来学校作报告。

这两句话看起来很相似,但它们不是相同的句式。第一句是兼语式,第二句是主谓词组作宾语。句式不同,结构不同,语音停顿也就不同。第二句有两处可以停顿,一处是在谓语"希望"之后,一处是在宾语的前半部分"郎平同志"之后,当然都是很小的停顿。而第一句只能在兼语"郎平同志"之后有一个小的顿挫。兼语式句子不能在兼语之前停顿,否则就会破坏句子的结构,下面这句话停顿就不对:

*我们必须鼓励／青年工人／努力提高文化水平。

"鼓励"是谓语,如果在它的后面停顿,句子的结构就不分明,语意也不明确了。这句话要停,只能在"青年工人"之后停。

现代汉语的一般语序是(定语)——主语——(状

语）——谓语——（补语）——（定语）——宾语，当然不是所有句子都具备上述成分，也不是所有句子都按此顺序排列。如果不按这个顺序安排句子成分，那就是变位句式，如倒装句。

从语言结构上来讲，变位句式的变位成分之前或之后，一般要有明显的停顿，用停顿把某个成分的变位表示出来，这样语句的结构才清楚、分明。例如：

（1）别生气了，我的好兄弟！
（2）这样做是不对的，我认为。
（3）足球队员，甲队和乙队的，同时入场了。
（4）通过反复讨论，大家的认识统一了。
（5）他冲我走过来，气势汹汹地。

这些句子不长，但因为都是变位的句子，中间必须有明显的停顿。第一句是谓语提前，第二句是宾语提前，第三句是定语"甲队和乙队"后置，第四句是状语提前，第五句是状语后置。如果没有明显的停顿，把变位的成分和前后的词语连读，语句结构就混乱了，甚至语意也很难懂。变位常常是为了强调变位的成分，没有明显的停顿，光变位也起不到强调的作用。

主谓句中，还有两种句式，中间必须停顿。第一种是像下面这样的：

(1) 各位听众，现在请听一篇通讯。

(2) 看样子，他不会来找你了。

(3) 参加大会的人，据估计，能有两千多。

"各位听众"是呼语，"看样子"和"据估计"都是表示估计和推测，它们都是临时插到句子里来的，在结构上和前后的词语没有特定的关系，所以读的时候要让它们独立出来，前后加以停顿。插在句子中间的，如第三句的"据估计"，前面必须停顿，后面则可停可不停。这种插进句子中不影响句意的成分叫独立成分，独立成分如果和前后的词语读在一起，中间不停顿，句子的脉络就不清楚了，语意也不明确了。

第二种情况，如：

(1) 女排的姑娘们，她们是祖国的骄傲。

(2) 拉拉扯扯，吹吹拍拍，这叫什么作风。

这类句子是复指句式，"女排的姑娘们""拉拉扯扯，吹吹拍拍"原本是句子的主语，但是根据表达的需要，用代词"她们""这"代替它们作句子的主语。这样，它们的后边就必须有停顿，以便使句子结构分明，关系清楚。还有一种复指的形式叫同位复指，指同一事物的几个词语连接紧密，处于同一位置。例如：

（1）伟大的首都北京是全国人民向往的地方。
（2）最佳运动员郎平同志，为我们的国家争得了荣誉。

"伟大的首都"和"北京"，"最佳运动员"和"郎平同志"，都是同位复指，它们处于同一位置，紧密相连，读的时候中间一般不要停顿。如果复指成分是并列的几项，几项之间可以有小的停顿。例如：

我们怀着极其沉痛的心情，悼念中国共产党的优秀党员、伟大的无产阶级革命家、杰出的共产主义战士、中国人民久经考验的卓越的党和国家领导人／周恩来同志。

这样的句子，除了复指成分几项之间需要有小的停顿，在整个复指成分之后，也可以有顿挫。因为复指成分太长了，几项之间都有停顿，读完最后一项，书面上虽无顿号，也可以自然出现顿挫。

如果复句包括两个或两个以上的分句，为了表达清楚整句话的意思，分句之间要有明显的停顿。例如：

今天上午，云台乡花果山村出了一件新鲜事：江新连自费安装了一台新电脑。这消息一传出，村上的男女老少成群结队涌进江新连家。这个瞧瞧，那个摸摸，大家十分羡慕，都为这件农村新鲜事感到高兴。

这段话中的逗号，除了"今天上午"之后的逗号，其他都表示分句之间的停顿。一个分句表达一个意思，所以不论分句长短，它们之间都要有停顿。"这个瞧瞧，那个摸摸"，是两个意思，并列关系，虽然短也不能连读。有时候分句只是一个简短的词组，甚至只是一个词，但读的时候也要在分句之间停顿。

读复句的时候，一定要把复句的层次搞清楚。一个复句如果有三个以上的分句，一般就不是一个层次了。大的层次包含小的层次，虽然书面上可能都是用逗号进行间隔，但读的时候大小层次停顿的时间不应该完全相同；停顿都一样，层次关系就不容易表现出来，语意也就不容易弄清楚。关于层次的具体问题，我们后面再讲。

三、掌握好语法停顿中的不同等级

上面主要讲的是语言结构和语音停顿的关系，当然，播音中也有根据其他需要（如修辞需要等）来停顿的，这里就不谈了。根据语言结构进行的停顿，叫语法停顿。语法停顿，在书面上用标点符号来表示，主要是用点号来表示的。语法停顿大致可以分为四级，不同的点号表示不同等级的停顿。播音时，要根据不同等级的点号，正确掌握时间长短不同的顿挫、间歇和休止。

句号、问号和感叹号都表示一句话说完了，读到这儿要缓一口气，为说下面的另外一句话做好准备。在用点号表示的停顿中，它们停顿的时间最长。分号表示的停顿，介于句号和逗号之间，比句号稍短，比逗号稍长，语音停顿的时间比较长。这种停顿应让人感觉到，一个完整的意思只说了一半，下面还有一半相关的话还没有说，紧接着就要说。冒号表示提示下文或总结上文，播读到有提示下文的冒号的地方，要表达出一种让人期待的停顿，停的时间一般比句号短，比逗号长。但这不是绝对的。因为冒号表示的停顿弹性比较大，所以根据语意表达的需要，可以把停顿的时间延伸到句号那么长，也可以缩到逗号那么短。逗号的停顿要让人感到这句话还没有说完，完整的意思还没有表达出来，停顿的时间较短。顿号是表示几个词或词组的并列，停顿的时间最短，甚至可以连读，让人感觉出下面还有同类的事物。点号的停顿等级如表 2-1 所示。

表 2-1　点号停顿等级

最　长	句号　问号　感叹号	
比较长	分　　号	冒　　号
较　短	逗　　号	
最　短	顿　　号	

弄清点号停顿的等级，可以帮助我们在播音时正确掌握不同类型的停顿。但是，点号的等级是相对的，播音时还要考虑语言的实际情况。比如，同是句号，在一段话的最后就要比在一句话的末尾停顿的时间长。同是逗号，出现在不同的地方，停顿的时间也不完全相同。例如：

（1）依靠全国人民，走独立自主，自力更生，艰苦奋斗，苦干实干的道路。

（2）对待同志要像春天般的温暖，对待工作要像夏天一样的火热，对待个人主义要像秋风扫落叶一样，对待敌人要像严冬一样残酷无情。

第一句是单句，"独立自主，自力更生，艰苦奋斗，苦干实干"四个词组组成一个大的并列词组，共同修饰宾语"道路"。第二句是复句，包括四个分句。第一句并列词组之间用了逗号，第二句并列分句之间也用了逗号。同样是逗号，读的时候停顿的长短就不一样，第二句分句之间的停顿，比第一句词组之间的停顿时间要长一些。

前面讲过，和语言结构有关的停顿在书面上并不都会用标点表示出来，但播音员要根据语句目的进行顿挫。顿挫虽然停顿的时间很短，但对语言结构的影响并不小，播音中出现的停顿上的错误，多半是由于顿挫掌握得不准确。比如，"我看见他笑了"，这句话可以读成"我看见他／笑了"，也可以读成"我看见／他笑了"，顿挫的地方不同，表达的意思就不同。可见，小小的顿挫也会影响句意的表达，播音员要先结合上下文弄清语句的原意，然后正确地运用顿挫。

表达的内容决定语言结构的类型；语言的结构类型决定语法停顿；语法停顿用不同的点号来表示；点号的等级决定停顿的时间；没有用点号来表示的和语言结构有关的停顿，应根据语言结构的需要和表意的要求来把握。它们的关系基本上就是这样的。

第三章　句子类型和语气语调

一、弄清句类和语气语调的关系

　　语调是说话的腔调,它是用来表达说话人一定的语气和感情的抑扬顿挫的一种语流调子;包括词语和句子之间声音的间歇,句子里声音高低升降和快慢轻重等;每句话都有统贯全句的语调。我们平时说话的语调,大体分为平直调、高升调、曲折调和低降调四种。语调和声调不同。语调是附着在句子上面,用来区别句子类型和它们的意义的,而声调是依附在音节上面,区别单个音节的高低升降和词的意义的。

　　语气一般指说话的口气,一个句子,不论是单句还是复句,都有统一全句的语气。一句话只能有一种语气,一般不能在句子中间变换。现代汉语的语气,基本上可以分为四种:陈述语气、疑问语气、祈使语气、感叹语气。根据不同的语气,汉语的句子又可以分为陈述句、疑问句、祈使句和感叹句四种类型。这是句子的语气类型。为了区别于语句的结构类型，我们可以把语气类型叫句类，结构类型叫句型。不同的句类有不同的语气，读的时候要用不同的语调来表示，书写时要用不同的点号来表示。四种语气不同的句子，分别用句号、问号、感叹号三种点号来表示。

句类、语气、语调和点号，互相之间有密切的关系，它们有一致性，但也有不一致的时候。比如一种句类可以读成几种语调，一种语调又可以用不同的点号来表示，等等。为了表达的准确性，我们必须把它们的概念搞清楚，把它们的关系弄明确。

（一）陈述句

读陈述句的时候，要用陈述的语气。什么叫陈述句呢？陈述句也叫直陈句，用于说明一种意见，叙述一个事实，判断一个是非，描写一种景物等。读陈述句的时候，感情是平静的，情绪是正常的，所以发出的声音是平直的，即平直调，这是一种平稳正常，没有显著变化的调子。书写时，句末用句号。例如：

（1）《家风》这部电视剧之所以这样感人，除了它有较高的艺术水平外,还因为它是根据真人真事编写的,用一种真实的力量打动了观众的心。(→)电视剧中那位好大嫂张旭的原型,就是鞍山市的劳动模范张莉同志。(→)

(2)海河村跃华组李德贵家,今年移栽的两亩棉花,一株株肥头大耳,长得特别旺盛。(→)

第一段有两句话,第一句是解释一个现象,第二句是介绍一个情况。第二段是一句话,描写一种事物。它们都是陈述句,使用陈述语气,读的时候语调平匀,既不上升,也不下降。在上面的例句中,陈述句、陈述语气、平直调、句号是一致的,但读平直调的不一定都是陈述句,这就是说,它们也有不一致的时候。这问题后面会讲。

(二)疑问句

疑问句,一般是有疑而问,期待回答,句末用问号表示。读这种句子时,因为提问人的情绪往往是急迫的、紧张的,急需知道答案,所以声音也就随之上提,一般用的是高升调。例如:

张则华走了以后,王老汉日日想,天天盼。春节一过,他就一连几天站在村头张望。可是,左等右等

还不见张则华回来。"怎么？（↗）这孩子变卦了吗？（↗）"老汉有些灰心了。心里想：这孩子能伴我老吗？（↗）

王老汉左等右盼不见张则华回来，越来越着急，于是提出了一连串的疑问，想知道答案。我们表达这些疑问的时候，语调自然要随着心情的急迫而上升。

什么样的句子是疑问句，一定要判断准确，如果判断错了，句类和语调、点号发生矛盾，就会造成表达上的错误。句中有疑问词，或者句末有"呢""吗"之类的语气词，不一定就是疑问句，而要看全句表达的内容和语气。比如下面的句子：

（1）*我怎么不知道他什么时候入党的呢？（↗）
（2）*还调查什么，谁都知道这不就是他干的吗？（↗）
（3）*谁知道他俩在那鼓捣什么？（↗）

这三个句子从内容和语气分析起来，都不是疑问句，所以句尾用问号，表达用上升语调，都不准确。我们播音时要注意这个问题。原稿上用问号已经错了，我们读的时候也要跟着错下去吗？上面几句话如果句末用上升语调，不仅读着感到别扭，听着也感到不自然。仔细一琢磨，原来是语调和句类发生了矛盾。再比较下面的两句话：

（1）对于这个问题，我是这么想的，可不知他的意见怎么样。（→）

（2）对于这个问题，我是这么想的，你的意见怎么样？（↗）

第一句话里也有疑问词，但从全句来看，不是有疑而问，只是一种陈述的语气，读的时候用平直的语调是正确的。第二句看起来和第一句差不多，但从全句来看，它是有疑而问，要求回答，是疑问句，因此这个句子用上扬的语调是合适的。

如果一句话从语气上来看介乎陈述和疑问之间，那么该读成什么样的语调呢？请看例句：

甲：我们多年没见了，你还认识我吧？（↗）
乙：啊，我想起来了，咱们可能是中学时的同学吧。（→）

这一问一答，语调都用得很对。这两句话中都有疑问语气的成分，但是前一句疑问的成分多一些，也就是"疑多于信"，句末用上升语调合适。而后一句肯定的成分多一些,也就是"信多于疑",应该用平直的语调来表达。对于这类情况,"信"和"疑"哪种成分多,就按哪种语调来读。

疑问句里有一种句式叫反问句,明明表达的是肯定的意思,不要求回答,可用的是疑问句的形式。例如:

(1)听了我们的话,老蔡安慰我们说:"放心吧,我又不是泥儿捏的,经不起风吹雨打。你看,这不是好好的吗?"(↗)

(2)一开始,当张则华认王怀德老人为父亲的时候,王怀德的两个女儿感到很吃惊:天下哪有这样的好事呢?(↗)姐妹俩谁也不相信这事会是真的。

"这不是好好的吗""天下哪有这种好事呢"意思都是明确的、肯定的,显然不是有疑而问,更不要求回答。这是故意借用疑问句的形式,表达陈述句应该表达的意思,目的是加强语气,虽然用的是疑问的语气、上扬的语调,但表达的是肯定的意思。读这种反问句时,语气上不能有"期待回答"的感觉,因为它不要求回答。所以在书面上,这种句子末尾有时也用感叹号。

选择问句,是提出几项让你从中选择,一般是由两个或两个以上分句组成的。疑问语气的上扬语调只能在全句的最后表现出来，分句间语调不要有明显上扬。例如：

（1）这个暑假我们一块去旅游，大家说，是去杭州好呢，还是去桂林好呢？（↗）

（2）*我买了一张电影票，是美国电影《星球大战》，是你去看呢？（↗）还是我去看呢？（↗）还是让给爸爸去看呢？（↗）

第一句的语调是对的，"去杭州好呢"语调没有明显上扬，只是表示一下分句之间的停顿，到句尾才用明显上扬的语调。第二句语调就用得不对了。"是你去看呢"是一个分句，停顿一下就可以，语调不能上扬；"还是我去看呢"，句子还没完，不能用上扬的语调；到"还是让给爸爸去看呢"，整个句子结束，才可以用明显上扬的语调来表示这句话的疑问语气。如果三个分句的后面都用问号和上扬的语调，就变成三句话了。本来是一句话，语调没掌握好读成三句话，不但影响语意的连贯性，也会使人听起来感到不自然、不流畅。

读倒装形式的疑问句，也要注意把统贯全句的语气在整个句子的末尾表现出来。例如：

（1）都跑哪儿去了，这帮孩子们？（↗）

（2）考试都及格了吗，这个班的学生？（↗）

实践中有这样读的：

（1）*都到齐了吗（↗）参加会的代表们（→）

（2）*从哪儿买来的（↗）这件漂亮的衣裳（→）

读前半句用上升的语调，读后半句用平直的语调，先"疑问"，后"陈述"，这样就造成语气不全，没有统贯全句的语气；特别是后半句，好像没有着落了。要注意，在倒装句中，语气词可以跟着变位的成分转移，但句末的点号不能跟着倒装到前面去，句子的语调也不能跟着变位的成分到前面去。

（三）感叹句

表示感叹语气的句子是感叹句，书写时感叹句的末尾用感叹号。读感叹句的时候，语调先上升后下降。例如：

（1）献宝吧，苗庄的大地！（⌢）奋发吧，水乡的人民！（⌢）

（2）从这些带回的东西，大家仿佛看到了横沟村受灾

的情景，个个迫不及待地问："赵书记，你快说说，领导给我们什么任务，救灾如救火呀！"(⌒)

人的感情是多种多样的，如惊叹赞美、悲伤痛苦、愤怒斥责、欢乐愉快等。不论表示哪一种强烈感情，都可以用感叹的语气，语调先升后降。如果这句话表示的感情并不强烈，比较平和，读的时候就不需要用感叹的语气，否则听起来像是一种"虚情"，有"为表达而造情"之嫌。例如：

（1）*啊（⌒）这些天真活泼的孩子们，是多么招人喜欢哪！（⌒）
（2）*"我看，是不是请大伙儿帮帮忙，各家移栽时当心点，能省一棵是一棵，每家支持六七十棵苗，这样也够老李家移栽的了！"听了这话，大伙儿眼睛一亮，好，有道理！

从整个句子的内容看，第一句好像并没有表示强烈的感情，不反映一种激动的情绪，用感叹语气来读，会让人感觉感情不实在，甚至感到"故作多情"。第二句中有两个感叹号，其实都不必要，本来都是一般性陈述，用句号就可以了。即使用了感叹号，这些地方不表示强烈的感情，播音时也不读感叹的语气，用陈述的语气、平直调读即可。这里有个矛盾，稿件中有的感叹号用得不对，作者想让播音员用感叹的语气来读，可整个句子是陈述句，读的时候根本"感叹"不出来。要解决这个矛盾，我们就要先弄清每个句子的句类，是什么句子就用什么语气，是什么语气就用和这种语气相应的语调，这样才能表达准确。

有些非主谓句，别看只是一个词或词组，只要它们表达的感情非常强烈，就要饱含感情地用感叹语气来读。例如：

（1）这群强盗！（↘）
（2）嘿，三连冠！（↘）好极了！（↘）

变位形式的感叹句一般中间有停顿，感叹语气不要急忙在中间停顿地方表达出来，还是要等读完全句再降低语调。下面句子的表达就不对：

（1）*歌唱吧！（↘）为了庆祝我们的胜利！（↘）
（2）*多么令人敬佩呀！（↘）中国女排的姑娘们。（→）

第一句先后"感叹"两次，这就不对了。"歌唱吧"之后，一句话还没有说完，这里只能用逗号表示变位成分之后的停顿，语调不能有明显的变化。全句末尾用感叹号和降低的语调，都是对的。第二句的语调错得就更离谱了，先感叹，后陈述；先降低，后平直，这叫什么句子呢？语气乱了，句子的结构被破坏了，语意的正确表达也就受到影响。"多么令人敬佩呀"是提前的谓语，虽然有语气词"呀"，但它不是全句的末尾，所以这里只能稍停一下，不表示语气的变化。贯穿全句的语气主要还是在句末表示出来的。这句话末尾虽然是名词"姑娘们"，但这没什么关系，语调并不是由词性来决定的，何况这是一个倒装句。全句的感叹语气要在这个名词之后表示出来，下降的语调用在全句的末尾。

另外，在书面上偶尔有句末点号连用的现象，例如：

（1）敬爱的周总理：我们将用鲜血和生命誓死保卫您！！！

（2）这样振奋人心的消息，你竟然不知道！？

（3）这些生动的事实，难道不正好说明社会主义制度有无限的生命力吗？！

句末的点号不止一个，这样的句子应该怎样表达呢？第一句是感叹句，句末用了三个感叹号，读的时候要加重语气，表现出无比强烈的感情。后两句是两种语气并用，书面上可以这样写，但同时读出两种语气是有技巧的。怎么读呢？要看哪个点号在后。第二句问号在后，读的时候要着重表达疑问语气，语调高升。第三句感叹号在后，读的时候要着重表达感叹语气，语调先升后降。

（四）祈使句

祈使句的语气表达，要根据不同的情况来处理。祈使句一般是要求别人做什么，或者禁止别人做什么。如果是语气比较缓和的祈使句，没有明显的命令口气，就可以像读陈述句那样用平直调。例如：

（1）大家要自觉遵守交通秩序。（→）
（2）全市人民都要做文明市民。（→）

感情强烈的祈使句，命令人家做什么或者不许做什么，读的时候语调逐渐下降。例如：

（1）快，咱们赶快到堤上去！（↘）
（2）我们要赶先进，超先进！（↘）
（3）以后谁也不许迟到早退！（↘）

但是，短促的命令句，或者表示愤怒、紧张、警告、号召的祈使句，虽然书写时句末也用感叹号，但读法有变化，语调先低后高，用的是高升调。例如：

（1）不许动！（↗）举起手来！（↗）
（2）共产党员们，冲啊！（↗）
（3）为了胜利，奋勇前进！（↗）
（4）小偷，抓住他！（↗）

还有一种用肯定和否定重叠的词语构成的祈使句，或者在句子后面加上疑问词"怎么样"，表示比较委婉的祈使语气，读的时候也要用上升的语调。例如：

（1）大家都来帮帮忙好不好？（↗）
（2）由你们来完成这项工作行不行？（↗）
（3）让你们来承包这片鱼塘怎么样？（↗）

这几句话都是要求别人做什么的：第一句是"让大家帮忙"，第二句是"让你们完成这项工作"，第三句是"让你们承包鱼塘"。从语意上来看，它们应该属于祈使句，因为都没有用命令的口气，而是用商量的口吻，书写时句末用问号。因此读时不能像一般祈使句那样用下降的语调,而是要用上升的语调。这种类型的祈使句,句类和语调、点号就不完全一致了。

祈使句的语气比较复杂,有的用陈述语气,有的用祈使语气,有的用疑问语气;语调有的平直,有的上升,有的降低;书写时句末用的点号也不同。这就要求我们播音时先弄清祈使句的具体用法,再用相应的语调来表达。

(五)曲折调

上面讲了四种句类和语气、语调的关系,但还有一种语调没有谈,这就是曲折调。曲折调是先降后升的语调,也叫降升调。哪一种句类需要读曲折调呢?没有这种句类。但在各种句类里,都有需要读曲折调的句子。这是因为,是否读曲折调,主要是由语句表达的内容和感情决定的。读曲折调的大都是表示讽刺、厌恶、惊讶、迟疑等情绪或者故作反语的句子。例如:

(1)你看你多好,我哪敢跟你比?(↗)

(2)你看这个人,他怎么这么叫人讨厌!(↗)

(3)哎呀,你把人家的孩子打伤了,这还得了!(↗)

(4)通知已经接到好几天了,这个会我是参加还是不参加呢?(↗)

（5）那还用说，谁比得了你，你看你多厉害！（↗）

（6）自己做错了事还埋怨别人，简直岂有此理！（↗）

（7）怎么，改革中出现了这么点偏差，就把你吓住了？（↗）

（8）自己要多长个心眼，可不要受骗上当！（↗）

上面列举的 8 个例句表达的内容或情绪分别是：讽刺、厌恶、惊讶、迟疑、反语、不平、安慰、嘱咐。读这些句子的时候，心情或激动或犹疑，语调也就随之先降后升，其中升是主要的。在上面举的例子中，疑问句、感叹句、陈述句、祈使句都有，说明这四种句类中都有需要用曲折调读的句子。语调和句类没有相应的关系，这就更需要注意分析了。

二、语句中需要加强语气的词语

除了上面讲的四种语气外，播音时我们还经常遇到一个加强语气的问题。这是一个有关有声语言表达的重要问题。实际上，我们平时说话并不是在各个词语上平均使用力量，语音总是有强有弱、有轻有重的，只有这样才能形成抑扬顿挫、起伏不平的声音，既听着悦耳，又能准确、生动地表达思想感情。

语句重音，就是词组或句子里需要读得较重的词语。这种词语包括两种：一种是句法重音，一种是强调重音。下面分别来谈。

（一）句法重音

句法重音不是为了强调、突出哪一个词语故意加重语气读出来的，而是用平时说话的自然音量，按照句法结构的特点自然读出来的，所以也叫"自然重音"。重读的词语，要加强音强，加重语气，使调值显得分明些。句法重音是有规律的，如果能正确分析句法结构，就能准确地读出句法重音。

一般地说，短句子中谓语要比主语读得重些。例如：

（1）这篇稿子写得不错，主题好，角度新，通篇用事实说话；文字简练，语言生动，时效性也强。

（2）换班时间到了。他们来了，我们该走了。小王等等，我们一块走。

读这些简单的主谓句，重音很自然地落在谓语上，除非要特别强调主语，才把主语读得重些。如"小王等等"，意思是"别人不用等了"。

长句子中的宾语，要比谓语读得重些。下面读一段广播稿，看看是不是有这个规律？谓语下面画横线表示。

　　姐妹俩每次来了以后，又是给老人买糕点，又是给老人带水果……去年腊月二十，王老汉过生日，两个女儿，一个为老人做了皮背心，一个为老人做了新大衣。乡亲们都说："王老汉的两个女儿变了。"王老汉呢？也乐呵呵地说："我添了个儿子，娶来个媳妇，还把两个闺女也引回来了！"

就主语——谓语——宾语这个语序来说，读音的规则是"前轻后重"，越往后语气越强，声音越重。这是汉语句法结构特点造成的读音自然规律。

另外，读状语和补语时，一般要比中心语语气重。例如：

　　（1）面对难题，老蔡一边给大伙苦口婆心地做说服工作，一边领着人在一队搞了两块样板田，按科学方法去栽培。

　　（2）太阳渐渐地移到了头顶，老李感到了一阵热意，突然想起自家棉花苗床上的薄膜还没有揭开，撒腿就跑。

　　（3）课堂上举的例子，你看得见，摸得着，讲的话让人听得懂，记得住。大家说，老蔡做的是"大锅菜"，吃起来合胃口，嚼起来有味道。

（4）老人们高兴得哈哈大笑，年轻人一个个高兴得跳起来。

还有些代词，在句子里也要比别的词读得稍重一些。例如：

（1）你为什么起了这么难听的名字？
（2）我什么都不知道，谁知道你就问谁去。
（3）好不容易盼到个星期天，哪儿也不去了，洗洗衣服，晒晒被子。你想去哪儿就去哪儿吧！

以上各句的代词的位置不同，充当的句子成分也不同，但因为多半是语意的重点，所以读的时候语音自然加重，以突出它们的内涵。

（二）强调重音

强调重音是为了突出语意重点，或者是为了表达强烈的感情，故意加强语气读的重音。一句话当中，哪些词语表达的意思需要强调，就在哪儿加强语气，读得比其他词语重一些。强调重音没有特定的规律，取决于表情达意的需要。播音时首先要联系上下文，对语句进行正确的分析和理解，然后明确哪些词语读的时候需要加强语气。在各种重音中，强调重音是最重要的，句法重音应服从于强调重音。强调重音如果读得不对，该强调的词语一带而过，不该强调的却加重语气来读，就会影响语意的明确性，甚至歪曲原意。

一句话中，在不同的地方进行强调，语意就会有差别。请比较：

（1）咱们公司今年出口任务很重。
（2）咱们公司今年出口任务很重。
（3）咱们公司今年出口任务很重。
（4）咱们公司今年出口任务很重。

在书面上，下面加着重号的词语要重读。不过，这是不常用的办法。表示句中某些词语要比其他词语读得重些，常用的办法有停顿、变位、重复、加引号、变词序、用虚词等。例如：

（1）党风，是有关党的生死存亡的大问题。
（2）做，要靠想来指导；想，要靠做来证明：想和做是紧密联系在一起的。

这两句话中的"党风""做""想",都只是一个词,为什么后面停顿呢?这是为了强调这些词(都是主语)表达的意思。读它们的时候要加强语气,而且停顿要明显些,这样,主语表达的意思得到突出,给人的印象也就更深刻。再如:

(1)事实证明:改革是非常必要的。
(2)消息灵通、反应灵敏的是:财政、金融、商业部门。

这两个句子都不长,中间可以不停顿,也可以用逗号表示较小的停顿,但为什么用冒号表示较长一点的停顿呢?这是为了强调、突出冒号之后的语意。冒号之后是句子的重点,读的时候语气加强、语音加重,以正确地表达语意。用逗号、冒号表示的停顿,都能在一定的条件下起强调的作用,但强调的部分不同:用逗号表示强调的,要强调的部分在逗号之前;用冒号表示强调的,要强调的部分在冒号之后。朗读之前,要明确哪里需重读,否则,表达就会违反原意。

引号有时候也可以用来强调、突出某些词语。例如:

(1)这种态度就是有的放矢的态度。"的"就是中国革命,"矢"就是马克思列宁主义。

（2）"希望"又在她的眼前展现出来，"勇气"也在她的心中增强起来。

这两句话中加引号的词都是需要强调的，读的时候要加重音量，并且在它们的后面停顿一下，好把这些词在句子里突出出来，引起听众对这些词的注意。

词序的安排也能起突出语意重点的作用，下面请比较几组例句：

（1）A. 我不认识这个人。

B. 这个人我不认识。

（2）A. 北京队打败了上海队。

B. 上海队输给了北京队。

（3）A. 我生平都没经历过这些事。

B. 这些事我生平都没经历过。

这些句子都合乎规范，每一组表示的意思基本相同，但语意重点不一样：A句主动者为主语，是语意重点；B句受动者为主语，这是为了突出受动者，因此受动者成了语意重点。也就是说，主动者和受动者，都可以成为句子的语意重点。只有找对语意重点，才能确定在哪儿加重语气。再如：

（1）他对任何人都不告诉。
（2）从东边走来了一群人。

"任何人"是受动者，本应该作宾语，如"他不告诉任何人"。现在让它居于状语的位置，也是为了强调受动者。"一群人"是施动者，在句子里后置作宾语，改变位置以后，基本意思不变，可语意重点随着句式变化而转移了。在汉语中，词序不同，表达的意思往往也就有差别。播音时不能不注意词序的变化，同样的词，词序的安排不同，读的时候语气和重音也不同。

变位，也就是倒装，是常用的突出语意重点的手段。一句话里哪个句子成分需要强调，就可以把它的位置进行变动。变动之后，读的时候要有停顿，读得重些，语气加强。例如：

（1）赶快走呀，同志们！
（2）多么美呀，香山的红叶！
（3）一定按时完成，我们保证。
（4）大家接受了这项任务，满怀信心地。
（5）他走过了四十多年的革命征程，风风雨雨地，坷坎不平地。

（6）第一口油井，我们亲手打的，开始喷油了。

（7）她真像在草原上刚刚开放的一朵红花，鲜艳、美丽，充满青春的生命力。

大部分的句子成分都可以根据表达的需要进行变位。前两句是谓语提前，第三句是宾语提前，四、五两句是状语后置，六、七两句是定语后置。这些成分变位之后，就成为这句话的语意重点。播音时，要把它们读得重一些，语气加强，使它们表达的意思更为突出。比如第七句："鲜艳、美丽，充满青春的生命力"是"红花"的定语，如果放在"红花"之前，一般地读就可以了，重音落在"红花"上；但定语移到中心语"红花"之后，读的时候就要强调定语了，把重音放在定语上，语气加强。

汉语中的复句也有正常次序，比如偏句在前，正句在后；表原因的在前，表结果的在后；表条件的在前，表结果的在后；表情况的在前，表转折的在后，等等。如果颠倒它们的次序，也可以起强调作用。这时，读音要有相应的变化。例如：

（1）学习汉语不难，学习外语也不难，只要用心学习，只要善于学习。

（2）谁都盼望春天，因为春天百花齐放；谁都热爱春天，因为春天充满希望。

（3）今天心情却很舒畅，虽然遇着点不顺心的事儿。

第一句为了突出条件，把表示条件的分句移到后面，读时语气要重一些，速度慢一点。第二句为了强调结果，把表示结果的分句提到前面，读时要加重语气。第三句是转折关系的复句，一般是"虽然……"在前面，现在颠倒了，"今天心情却很舒畅"就变成需要强调的部分，要比另一个分句读得重。

有时候还可以利用虚词突出语意重点，例如：

（1）只有社会主义才能救中国，只有四个现代化才能使中国繁荣富强。

（2）你别说了，才不是那么回事儿呢！我亲眼看见的，听我来讲。

（3）他已经承认错误了，也给你道歉了，你还让人家怎么样？

这种利用虚词突出语意重点的办法，在口语里用得多一些，像后面两个例子就是口语。这样的虚词如不加重语气，不重读，就起不到强调作用，如"只有"，或者使语意产生变化，甚至成为多余的词，如"才"和"还"。

当然，播音中表示强调的方法还有很多种，如改变音高、音量、音长、音色等，以上讲的只是和语言结构有直接关系的重读，需要加强语气。

第四章　抓主干　理枝叶　分层次

一、抓住主干　理清枝叶

拿到稿件，不认真地分析和理解就照字去读，一般不会取得很好的效果。要想准确而充分地表达稿件的思想内容和感情，播音前就必须认真地备稿。所谓备稿，就是仔细、充分地分析和理解稿件。

分析稿件，包括主题思想和篇章结构的分析、语体风格的分析、语言结构和修辞手段的分析，等等。分析语言结构是为了弄清楚句子的结构层次，搞清楚词语之间的关系，了解各个成分、各种句型及其表意作用。进行这样的分析，我们可以了解语句的构造，透彻地理解语句表达的思想感情。分析、理解、表达和接受是密切相关的。播音员对语言结构分析得正确，对语意理解得透彻，表达时鲜明准确，受众听起来就层次分明、关系清楚、语意明确、自然流畅，易于接受。因此播音员掌握并注重语言结构的分析是十分必要的，这也是提高播音质量的重要手段之一。

分析语言结构首先要抓住句子的主干，这对播音是很有好处的。对于较为复杂的句子，先把主干抓住了，分析句子的基本成分是什么，结构是什么，句型是什么样的，心中有数，就好处理了。读的时候，虽然不一定都在主干上读重音，因为主干并不一定都是语意重点，但是在理解语意和表达语气时都要以主干为"中心"。下面来分析一个句子：

<u>我</u>们能够<u>学</u>会我们原来不懂的<u>东西</u>。

这句话的主干很简单，只有五个字，就是"我们学东西"。它们是这句话各部分的"中心"，整个句子就是在它们构成的"框架"基础上添枝加叶组合而成的。抓住了主干，句型就明确了：主谓宾式；关系也明确了："能够"和"会"是附加于"学"的，"我们原来不懂"是附加于"东西"的。全句的结构分析清楚，语意也就好理解了。

越是分析复杂的句子，就越要注意先抓句子的主干，把复杂的语言现象简单化。掌握了主干，明确了句型，抓住了中心，再从简单到复杂，一步一步地分析。例如：

我们所要解决的<u>矛盾</u>和所要完成的<u>任务</u>都已经胜利地<u>解决和完成了</u>。

这句话的主干是"矛盾和任务解决和完成了"。抓住主干之后，顺着主干去理清"枝叶"："我们所要解决的"是"矛盾"的枝叶；"所要完成的"是"任务"的枝叶；"都、已经、胜利"是"解决和完成"的枝叶。分析时把主干和枝叶弄清楚，播音时表达清楚，对受众全面了解语意是大有帮助的。

那么，什么是句子的主干，什么是枝叶呢？从句子的成分来说，"主语、谓语、宾语"是句子的主干，"定语、状语、补语"是附加于主干的枝叶。汉语句子不论长短，大都具备主语和谓语两个部分。在一般情况下，句子缺少主语或谓语，结构就不完整，因而语意也就不完备。如"我的奋斗目标"，有主无谓；"终于取得了胜利"，有谓无主，都构不成句子。因此，主语和谓语是句子的主要成分，非主谓句例外。

在动词作谓语的句子中，宾语往往是不可缺少的。如果缺少宾语，句子结构就会残缺，如"我们坚决要求""走进了展览厅，大家仔仔细细地观看了"都没有宾语，句子不能表达完整的意思。因此，从意义上来说，宾语也是句子的主要成分之一。

围绕着主语、谓语、宾语，可以添加定语、状语、补语。在主干上添枝加叶，目的是把语意表达得更具体、更明确、更有分寸。我们前面特别强调，播音时一定要先抓住句子的主干，抓住主干就是抓住"核心"、抓住"纲"，然后顺着主干理清枝叶，整个句子的脉络就清晰了。

句子是由词组成的，但不意味着"词＋词＝句子"。这是什么意思呢？就是用词造句的时候，往往是几个词先组成一个词组，然后成"块儿"地入句，充当句子成分。这样，分析句子的时候，不是分析有多少个词，而是分析有几"块儿"，或者几"部分"。这些"块儿""部分"的中心词常常就是句子的主干。受众听每句话，也会抓句子的主干，比如播音员说"光荣、伟大、正确的"，受众就知道它们都是修饰语，播音员要强调的是"中国共产党"；再如播音员说"完成了一项……"受众就会等待"任务"这个中心词的出现。听出了中心词，就能听懂这句话；附加语都听清楚了，可是主干（主语或宾语）没听出来，这句话就可能听不懂。

那么，怎样先抓主干、后理枝叶对句子进行语法分析呢？首先，我们把句子划分为主语和谓语两个部分。例如：

昔日的粗布衣、解放鞋‖不见了。穿的确良、纯涤纶、毛料衣服的，戴手表、穿皮鞋的，‖已经非常普遍。

近郊的农村姑娘 ‖ 还穿上了时髦的尼龙丝纺滑雪衫。

两条竖线前面是主语部分，后面是谓语部分。播音时，用停顿和语气把这两部分区分开。以上三句话的主语都不是一个词，这就需要注意分析，断得准确。被陈述的是主语部分，对主语加以陈述的是谓语部分，两者是陈述和被陈述的关系。主语部分中间虽有停顿，但停的时间要短一些，主语部分之后的停顿可以明显一些。千万不要划分错了，划分错了，就会读错；读错了，就会使人听错。像下面的读法，明显是主谓语表达错了：

*中国男排战胜了 ‖ 日本男排真是没想到。

这句话中"真是没想到"的是什么呢？应该是"中国男排战胜了日本男排"，所以要在这个部分之后停顿。读成"日本男排真是没想到"，意思就全错了。

其次，抓句子的主干，把"主语、谓语"或"主语、谓语、宾语"用符号标示出来。例如：

（1）这个月的生产<u>任务</u> ‖ 提前<u>完成</u>了。
　　　　　　主语　　　　　谓语

（2）林玉生的<u>性格</u> ‖ 比过去<u>开朗</u>多了。
　　　　　主语　　　　　谓语

（3）我的脑子里 ‖ 忽然闪出一幅美丽的图画。
　　　主语　　　　　谓语　　　　　宾语

　　划分好主语和谓语，就抓住了句子的主干，这样，句子的结构清楚，语意明白，播音表达正确基本有把握了。播音时，一定要表达清楚句子主干，如果有一处主干没有表达清楚，就会使受众感到语句结构残缺，语意不明。例如：

　　（1）*我们坚决相信他的意见／不会错。

　　（2）*我们厂的厂长经常深入群众，就是再忙也要到车间／转转以便了解真实情况。

　　（3）*正在湖边打太极拳的那位同志，已经是年过花甲的老人了。但由于他多年坚持体育锻炼身体／还像中年人一样硬朗。

　　第一句的读法使宾语不明确，"相信"的是什么呢？"不会错"又是指什么呢？这句话的谓语是"相信"，宾语不是"意见"，而是"他的意见不会错"这个主谓词组。第二句的读法把谓语"转转"读成"了解真实情况"的主语，语意表达错了。不应在"车间"之后停顿，而应在"转转"之后停。第三句把"还像中年人一样硬朗"的主语"身体"读丢了，"身体"被当成"锻炼"的宾语读，后面的主语就缺失了。

最后，顺着主干，理清附加于主语、谓语、宾语的枝叶。怎么找呢？主要看关系。放在主语、宾语前面修饰或限制主语、宾语的，是定语；放在谓语前面修饰谓语的，是状语；放在谓语后面补充说明谓语的，是补语。例如①：

（1）（他的）申请〔立即〕得到（邮电部门的）支持。
　　　定语　　　状语　　　　定语

（2）（本届）（男子单打冠亚军的）比赛〔已经〕结束，
　　　定语　　　定语　　　　　　　　状语

蔡振华夺得了（这次）（比赛的）冠军。
　　　　　　定语　　定语

（3）医护人员〔十分〕理解（小吴的）心情，主治
　　　　　　状语　　　　定语

医师〔亲自〕〔为她〕开刀。手术进行得〈很成功〉。
　　状语　　状语　　　　　　　　　补语

主干和枝叶分析出来了，句子的层次结构、各种成分之间的关系、句子的类型就都清楚了。这样，就能全面、透彻地理解语意，播音时就可以正确、充分地进行表达。

枝叶附在主干上，它们的关系紧密，通常要一起读，中间不要停顿，书面上它们之间一般也没有点号。如果一个中心词

---

① 主语、谓语、宾语下面画双线、单线、波浪线，定语、状语、补语画圆括号、方括号、尖括号。

前枝叶不只有一个,就要仔细分析,弄清谁是谁的枝叶,不能搞错。例如:

(1)*长江的上游和中游/流域有许多森林。
(2)*长江的水能/蕴藏量多达2.68亿千瓦。
(3)*赶快煮/熟鸡蛋好吃。
(4)*我们大家找/到了要去的旅馆。

前两句由于停顿不对,把枝叶和主干分开了,使语意受到影响。"长江的上游和中游"是"流域"的枝叶,它们是一块儿的,不能断开。"长江的水能"是附加于"蕴藏量"的,也要连读。后两句由于没弄清楚谁是谁的枝叶,把关系表达错了,使语意变了样。"熟"本是"煮"的补语,读成"鸡蛋"的定语了,原意是"煮熟",而不是"熟鸡蛋"。"到了"原本是"找"的枝叶,它们是一块儿的,可是读成了另一个词组的动词,原意是"找到了",而不是"到了旅馆"。

一句话可以这样读,也可以那样读。要想读得正确,准确表达原意,就要对语言结构进行正确分析。这对于采编人员和播音员来说都是非常必要的。采编人员如果不熟悉语法,就表达不清楚意思,写作时出现语法错误。而播音员则可能犯两个错误:一是照病句来读,二是把正确的句子表达错。语法规则，不仅写作要遵守，有声语言表达也必须遵守。不能写错，也不能读错。

字数多、结构复杂的句子，一般不容易理解，稿件里出现这样的句子，就要仔细进行语句结构的分析。要不然，几十个字或上百个字的句子，看起来模糊一片，主干和枝叶分不清，哪些词语有直接联系分辨不出来，是什么样的句型也不知道，这样能表达好吗？对整个语句结构心中无数，播音时停顿、重音、语气和速度都难以恰当掌握。其实，不论句子多长、多复杂，都可以分析清楚；分析清楚了，理解透彻了，也就容易表达准确了。例如：

（关于实践是检验真理的唯一标准的）讨论，
　　　　定　　语　　　　　　　　　主语
〔对于促进全党同志和全国人民解放思想，端正思
　　　　　　状　　　　　　　　　语
想路线〕具有（深远）（历史）意义。
　　　　谓语　定语　　定语　宾语

这句话的主干很简单，就是"讨论具有意义"，其他都是枝叶。"关于实践是检验真理的唯一标准"，是附加于主语"讨论"的，它们是一个部分，即主语部分。谓语"具有"的枝叶更多，从"对于"到"路线"都是，共23个字。"深远"和

"历史",都是"意义"的枝叶。这样分析清楚句子的结构,播音时就好表达了。主语的定语是复杂的偏正结构,结合紧密,要读得紧凑一些,读到中心词"讨论"时语气略加重,后面稍停,这样就把主语部分表达出来了。"对于……路线"要作为一部分来读,中间不能有长时间的停顿,一直读到谓语"具有"之前,才可以换一口气,这样人们就能听出来这一部分是"具有"的枝叶。把一个长而复杂的句子表达得层次分明、关系清楚,需要停顿、重音、语气、速度等来帮助,而这些都要在对语句进行正确的语法分析的基础上才能明确。

主干是句子的基本成分、主要成分,没有枝叶可以组成句子,没有主干无法组成句子。但是,主干和句法重音、强调重音不完全相等,并不是每句话的语意重点都在主要成分上,它可能在主干上,也可能在枝叶上,这要好好分析。例如:

(1)我国各方面建设事业的迅速发展,表明了我国社会主义制度的优越性。

(2)我们能够学会我们原来不懂的东西。

第一句话的语意重点在主干上,而第二句要强调的意思在枝叶上。所以,枝叶虽然不是句子的主要成分,但并非不重要,有时句子的主要意思是靠枝叶来表达的。枝叶为语意重点时,播音时语气要加重。

二、分清层次　明确关系

(一)单句分析

句子各项成分的组合有没有层次呢?当然有。我们要分析清楚一个句子,就要分清句子的层次以及各个层次的关系。其实前面已经谈到了这个问题,这里再进一步详细谈谈。只要句子是由三个或三个以上不同成分组成的,就是分层组合。也就是说,各个成分不是一次直接组合成句子的,而是分层发生组合关系,分层组合成句子的。例如:

塑料三厂今年把眼光从国际市场转向国内市场。

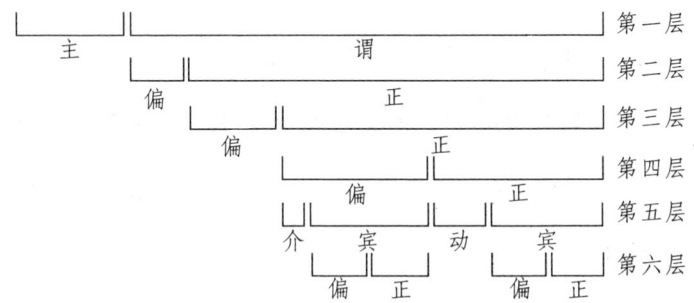

这个句子共有六个层次,每个层次都有特定的关系:第一层是主谓关系,第二、三、四、六层都是偏正关系,第五层是介宾关系和动宾关系。如果把句子的层次和关系分析得很清

楚，播读起来就会有条理性，受众听起来也容易明白和领会。大小层次停顿时间长短不同，各种关系语气也不一样。如果分析得不准确，把层次表达错了，就可能使人听起来感到条理不清楚、关系不明确、语意不鲜明。

（二）复句分析

对于复句，更要分清层次关系。复句是由两个以上分句组成的，分句多，层次就多。如果不分清层次，播音时不能把各个层次清楚地表达出来，受众就不容易听懂句子的完整意思。如果把层次关系读乱了，就会让人越听越糊涂。例如：

*许多地方乡镇企业发展很快，｜所以它们需要流通及其他方面的服务，‖因而供销社应积极开办为乡镇企业原材料、产品的储藏、流通服务的各项业务。

如果供销社积极开拓新的服务领域，‖它一定会成为农村经济的服务中心，｜在农村经济发展中发挥更大的作用。

画一竖是当第一层次来读的，画两竖是当第二层次来读的。这种读法，就把层次关系表达错了。播音时把语句的层次表达错了，受众能听出来吗？能，从播音的语气和停顿就能听出来。比如把不是原因的当原因读，不表示条件的当条件读，不是结果的读成结果，层次关系一乱，叫人怎么明白语意呢？

分析复句和分析单句不一样。分析复句，首先要搞清楚这个复句一共包括几个分句，然后看哪个分句和哪个分句有直接关系，找出第一层次，也就是找出哪是前半句，哪是后半句。再一层一层往下分析，找出第二层次、第三层次……下面举例分析：

①这座桥不但形式美观，‖②而且结构坚固，｜③虽然年久失修，‖④还是那么结实。

这个复句共有四个分句，从各分句表达的意义来看，它们的层次关系是这样的：

第一层次：前两个分句说的是原因，是前半句；后两个分句说的是结果，是后半句。这样第一层次就找出来了，①②分句和③④分句之间存在因果关系。读①②分句时要连得紧一些，读完这两个表示原因的分句要有明显的停顿，然后读表示结果的③④分句。

第二层次：第一分句和第二分句之间存在第二重关系，关联词"而且"显示它们是递进关系。第三和第四分句之间也存在第二重关系，关联词"虽然"显示它们是转折关系。表达第二层次时，停顿要短一点，连接得紧一些，以便和第一层次有所区别。

我们再来分析一个更为复杂的句子：

①一截电线、一只螺丝、一根电焊条，虽然是微小的，｜②但是如果眼不勤，‖③就不能发现它们散落在什么地方；‖④如果手不勤，‖⑤那么即使发现了它们，‖⑥也不会把它们捡起来。

这句话共有六个分句、四个层次。

第一层次：第一分句和第二、三、四、五、六分句是转折关系。前半句是一个分句，后半句是五个分句。

第二层次：第二、三分句和第四、五、六分句是并列关系。

第三层次：第二和第三分句是假设关系；第四和第五、六分句也是假设关系。

第四层次：第五和第六分句是假设关系。

像上面这么长的句子，分句多、层次多，播音时要把层次关系表达得明明白白，就必须先分析清楚共有几个分句、几个层次，各层次是什么关系，做到心中有数。然后运用适当的语气、恰当的停顿和速度进行表达。注意，不能把分句划分错，像这个例子的第一个分句，虽然当中有两个顿号，但它仍是一个主谓分句，不能读成几个分句。分句读多或读少，都会使句子的层次关系不明。分句有时有省略，但省略了什么是明确的。作状语或定语的词组，不能当成一个分句来读。因此找准第一层次很重要，这和分句数量没有关系。半句不等于句子长度的一半，而要看分句之间的意义关系。第一层次如果搞错了，下面的层次也会跟着错。各层次停顿时间不完全相同，表达各种关系的语气也不一样。读复句时，贯穿全句的语气主要在句子末尾表现出来。不管有多少个分句，只有读到句号、问号或感叹号才算告一段落。

（三）语段分析

为了理清语言的层次关系，除了对单句、复句进行分析外，还要分析"语段"。什么叫语段呢？我们运用语言表达思想，可以用单句，也可以用复句，还可以用语言片段。播读的时候，可以用语气、停顿表明这几句话是一个语言片段，说的是密切相关的几点意思。这种由几个密切相关的句子结合起来介乎复句和段落之间的语言单位，就叫作"语段"，也叫"句群"。由于它是在语义上有逻辑关系、在语法上有密切联系的一群句子的结合，在语言运用中是相对独立的，所以也是句法单位。语义上的紧密的逻辑关系，使语段在意义上具有相对的独立性和完整性。

　　播音时对语段进行分析，就是从事理的逻辑关系和表达的语言关系出发，分清这一群句子是以怎样的方式组合的，以及它们的层次关系是怎样的。这样的分析也应该是备稿的重要内容，分析得好，有益于有声语言表达。请看几个例子：

　　①在人们的概念中，长江流域的文明史远比黄河流域年轻，所以都说"黄河是中华民族的摇篮"。②但是，1965年在云南省金沙江畔元谋县的一次发现，使人们对这个说法提出了异议。③专家们鉴定：在那里找到的两颗猿人牙齿化石，比黄河流域发现的猿人化石提前了一百万年。④假如这个鉴定是确凿无疑的话，那么，我们应该说黄河与长江同是中华民族的摇篮。

　　这是由四个句子组成的语段，它们在语义和语法上都是紧密相关的。语段里有好几个关联词，只有"但是"是连接主句的，其他都是用在复句中连接分句的。这个"但是"可以帮助我们认识到，第一个句子和后面的三个句子是第一层次，表示转折关系。第二个句子和第三、四个句子是第二层次，表示解证关系，即第三、四句是对第二句的说明解释。第三和第四句是第三层次，第三句采用肯定的说法，第四句采用假设的说法，它们都是对第二句的进一步解释和说明。再分析一段话：

①早在两千多年前的战国时代，我国有一部地理著作，名叫《尚书·禹贡》。②在这本书里，有着"岷山导江"的说法。③这里所说的"岷山"，不是四川的岷山，而是指甘肃省天水县境内的一座山。④作者认为长江就发源于这里。⑤这个考证与实际情形差之千里，因为这里只是长江支流嘉陵江的发源地。

这五句话在语法上有密切联系，在语义上有紧密的逻辑关系，所以组成一个语段。这个语段的层次关系如下：

第一层次：第一、二、三、四和第五句是并列关系，前面几句是从肯定方面说的，最后一句是从否定方面说的。

第二层次：第四句是第一、二、三句的结论。

第三层次：第一、二、三句是层递关系，第三句说明第二句，第二句说明第一句。

进行语段分析对于播音来说是很有必要、很有益处的。一个复杂的意思需要用几句话才能表达清楚、表达完整。这几句话是紧密相关的，它们结合成一个语段。语段表达的内容多，意思复杂，理解起来当然就困难一些。播音时，我们要正确表达它，就要正确理解它；要正确理解它，就要正确分析它。分析语段，不能孤立地看一句话，必须联系上下文来考察，"左邻右舍"都要照顾：分析这个语段一共有几个句子，这几个句子分几个层次，层次之间是什么关系。播音员只有将这些都分析清楚，才能透彻理解稿件的思想内容，播音时，才能表达准确，使受众"一听了然"。

第五章　紧张型语句和舒缓型语句

一、紧张型语句

播音时读句子的速度不可能是一样的，有的句子要读得快一些，有的要读得慢一些；有的停顿要多一些、长一些，有的停顿要少一些、短一些。这些快慢和停顿不是随意的，而是由语句的内容和结构决定的。

语句结构紧密，表达的思想感情急切，读的时候速度快、停顿少，听起来情绪比较紧张的句子，叫作紧张型语句。语句结构松散，表达的思想感情舒缓，读的时候速度慢、停顿多，听起来不慌不忙、从容不迫的句子，叫作舒缓型语句。要想搞好播音工作，获得好的播音效果，对这个问题我们有必要加以研究。如果播音时速度掌握得不合适，把舒缓型语句读得太快，人为地制造"紧张情绪"，会使播音和接收两不方便。如果把紧张型语句读得太慢,语气不连贯,语意不抱团,受众便不好理解。

那么,从语句结构来分析,什么样的句子是紧张型语句呢?请看例句:

(一个)(社会主义建设的)(新)高潮[正在][蓬勃地][在各条战线上]兴起。

这句话一读起来就会感到紧张、吃力,因为这是一个紧张型语句。句子的主语"高潮"前面有三个定语,谓语"兴起"前面有三个状语。附加语这么多,中间不能有较大的停顿,需要紧连着往下读,整个句子读完才可以大出一口气,情绪上哪能不紧张呢?

紧张型语句的各个附加语都和中心语关系紧密,附加语之间又不能有明显的停顿,常常需要一口气读完,没有充裕的时间调节呼吸,又怕下边读错,读起来自然感到紧张。语句结构紧密,内容丰富,受众听时必须加快思索,当然也会感到紧张。例如:

她就是(你向我打听的)(中央电视台的)(那位)(一直主持《为您服务》节目的)(优秀)播音员。

这句话的"是"是谓语,"播音员"是宾语,宾语和谓语关系紧密,可是中间插进去五个定语,谓语和宾语被隔得很远。一般人的习惯是听到谓语之后,就想知道宾语是什么,只有听到宾语,才明白这句话的完整意思。可这句话的谓语和宾语离得太远,读的时候就要尽量缩短时间,让基本成分"靠近"。这就要加快速度,减少停顿时间。紧张型语句决定了播音员读的时候必然急促、紧张。

前面分析的两个例子都是因附加语较多成为紧张型语句。有的句子虽然附加语不多,只有一两项,但是太长,读时也需要加快速度。例如:

从我一生的经历中,我悟出了(只有社会主义才能解放科学,也只有在科学的基础上才能建设社会主义;科学需要社会主义,社会主义更需要科学)(这条)(千真万确的)道理。

这句话的宾语是"道理",附加于它的定语虽然只有三项,但第一个定语太长了,又是复句的形式,包含并列关系和条件关系,尽管有几个逗号,可因为是附加语中间的停顿,所以它们要和宾语连得紧一些,抱成团,使语句的结构关系表达得分明。播音时读出谓语"悟出了"之后,要加快速度,紧接着往下读，减少停顿，好让宾语早点出现。只有读出宾语来，大家才能听明白"悟出了"的是"道理"，这样语意才完整。可以说，紧张型语句不好表达，句子长且结构复杂，要读得关系明确、层次清楚，就要突出句子的主干，让受众抓得住。紧密相关的意思不能读"散"了；读散，语意就捏不到一起了。

上面举的例子是定语太多或太长，如果状语太多、太长，读起来同样需要少停顿，一股劲读到底。例如：

> 学校领导〔为了加强对学生的管理〕，〔除了专门设立学生部专抓学生的工作，在各班设立班主任，制定学生守则和其他规章制度之外〕，〔还通过党团组织〕加强学生的思想工作。

这句话有好几个状语，比较特别的是第二个状语，不但长，而且是复句，读起来就吃力。"除了"和"之外"互相呼应，人们一听到"除了"，就亟待听到"之外"。可它们中间包含那么多内容，读起来速度必须加快，好让"之外"后的内容尽快出现，使人听出明确、完整的意思。如果读慢了，不仅使人听起来着急，还会前后对应不上，听到"之外"，忘记"除了"，语意也就不明确了。

如果附加语本身是复杂的偏正词组，就是枝叶上又长枝叶，一环套一环，这种句子也是紧张型的。例如：

（我们英语班的四十名同学的期末考试的平均）分数在八十分以上。

这个句子虽然不长，但是主语"分数"的定语一个修饰一个，一环扣一环，没有空隙可以停顿，必须一口气读到主语，所以读起来也是比较紧张的。读这种环环相扣的附加语，必须往前"赶"，"赶"到被它们修饰的中心语出现之后，才可以调整呼吸。

前后衔接型的复杂单句也往往是紧张型语句。什么样的句子是前后衔接型的呢？用语法术语来说，一种叫作兼语式，一种叫作连动式。下面分别举例来分析：

党的十八大以来，党中央的大政方针和工作部署鼓舞着全国各族人民满怀信心地朝着实现中华民族伟大复兴的宏伟目标继续前进。

读这个句子会感到急促、紧张和吃力。因为这是兼语式句子，由前后套接而成。"全国各族人民"既是"鼓舞"的宾语，又是"前进"的主语，前后衔接紧密，一环套一环，在哪儿有明显的间歇都不合适，需要接连不断地读下来。在适当的地方，如兼语后，可以有小的顿挫，但语气不能断，否则语言的结构就会受到破坏。在书面上，这样的句子中间一般是没有标点符号的。再如：

上级派工作组检查工作。

这个句子不算长，但它也是前后衔接型的兼语句式。"工作组"是"派"的宾语，又是"检查工作"的主语，需要一口气读下来。

连动式句子是一个主语带好几个谓语，这几个谓语表示先后发生的动作，一个连一个，读的时候不能断开。例如：

我下班回到家放下手提包穿上围裙赶紧去厨房做饭。

这句话一个主语有六个谓语，这六个谓语表示连续发生的动作，它们是紧密相连的，没有哪个地方可以断开。假如一个谓语一停顿，就会使人感到断断续续，语气不连贯，结构不完整。这也是紧张型语句读的时候速度要加快，不能有明显间歇的原因。如果在某个地方有明显的停顿，就会把单句读成复句。

连动式和兼语式这两种句式有时会交错使用，就是在一句话里既有兼语，又有连动谓语。读这种句子自然也是比较紧张的。例如：

　　领导让我来通知你赶紧把改革方案写好让文印室打印十份交上去。

这么长的句子，中间没有逗号，一看就知道需要加快速度、一口气读到底。这个句子是连动式和兼语式交错在一起的，包含的内容更多，而且陈述的对象一会儿一换，一环套一环，动作紧密相连，读起来没有"喘息之机"，就会更使人感到急促紧迫。

一篇稿子里如果只有几个紧张型语句，读起来不算太困难，但有些稿子几乎全篇都是紧张型语句，读起来可就费劲了。请读读下面这篇稿子：

　　近年来，各民主党派、工商联积极发挥各自优势，致力国家建设，不断开拓新的领域，作出新贡献。它们组织学者、专家［在经济、教育、科技和医疗卫生等许多领域］，［通过调查研究、专题座谈］，提出（许多改革的）意见、建议与方案，供［国务院和有关部门决策时］参考。如（民盟提出关于生物、信息工程等新技术对策的）建议，（民进提出对师范教育改革的）建议，（民建、工商联提出关于茶叶管理、流通体制改革的）建议等，都得到（有关部门的）重视和赞赏。最近，[在中央有关部门起草关于科技体制、教育体制改革方案的过程中，]民盟和九三学社等民主党派积极参加讨论，提出了（很多重要的）意见和建议。

这段文章原是报纸上的，写的时候只考虑供人阅读，可拿来播音就会发现，这样的句子既不便于播，也不便于听。除了开头的一句，其他句子基本上都是紧张型的，结构比较长，附加成分多，联合成分也多。这样结构长、内容多的句子一个接一个，由于语意表达的需要，不可能不断地调整呼吸、从从容容地读下去。句子关系紧密、字数多、停顿少，读起来怎能不感到紧张和费劲呢？比如第二句，"它们组织……在……通过……提出……供……"内容复杂，关系紧密，不赶快读完就不能给人一个完整的印象。第三句一连列出三个"建议"，受众急需知道这些"建议"究竟是什么，你不赶快读出要说明的部分行吗？第四句的附加语也是比较多的。

紧张型语句的结构特点：附加成分多，基本成分相距较远；前后衔接紧密，中间一般不断开，停顿少；联合成分或同位成分多。

以上是从语言结构来分析的。从表达的思想感情来看,有的句子不一定长,不一定复杂,但读起来情绪也是紧张的。例如:

(1)着火了!大家赶快来救火呀!
(2)小孩掉河里啦,赶快救人哪!
(3)这个人坏透了,你赶快把他给我赶出去!

读这些话,不慌不忙的行吗?当然不行。表达的是急切的心情,读时就要速度快,语气紧张急促。

二、舒缓型语句

句子简短,结构不复杂,附加成分少,不表达急迫的思想感情,一般是舒缓型语句。读舒缓型语句通常不费劲,情绪放松,可以从容地、不慌不忙地读,听的人当然也不会感到紧张、吃力。

舒缓型语句中,短句多,长句也有,这要看句子是怎么组织的。例如:

从我一生的经历中，我悟出了这么一条千真万确的道理：只有社会主义才能解放科学，也只有在科学的基础上才能建设社会主义；科学需要社会主义，社会主义需要科学。

这个句子在紧张型语句分析中出现过，现在句子的构造变了，读起来和听起来都不会使人感到紧张了。原来句子里附加成分很长，现在把附加成分都改为分句了。句子表达的内容"疏散"开，停顿就增多和延长了。前面没有谓语"赶着"，后面没有宾语"等着"，这样读起来就不必着急了。"道理"之后是复句，每个分句都表示一个比较明确、完整的意思，读一部分，大家听懂一个意思，即使读得慢一些，停顿的时间稍长一点，也不影响语句的结构和语意的表达。附加语是附加于中心语的，它的依赖性太大，本身不表示独立的完整的意思，所以必须加快速度来读，只有读到中心语，表达的意思才完整。而独立的单句和相对独立的分句，都能表达较完整的意思，读的时候就不必那么"赶"。一句话，既可以用紧张的语气来表达，也可以用舒缓的语气来表达，究竟采用哪一种，应根据表情达意的需要来决定。再举一个例子：

在《话说长江》的前几回里，我们曾经说过，古时候，有人误以为岷江是长江的上游；直到明代，我国著名的地理学家徐霞客才正确地指出：长江的上游是金沙江。

这一句话虽然比较长，但句中的每一部分都比较短，停顿比较多，附加成分少，前后衔接不是很紧密，所以这也是舒缓型语句。读的时候没有紧迫感，可以按平时说话的自然节奏，从容地读。

可见，语句的结构和表达的紧张与舒缓，有直接关系，结构稍一变化，情况就不同了，或紧张变舒缓，或舒缓变紧张。例如：

（1）要学深悟透习近平新时代中国特色社会主义思想的立场观点方法，必须坚持人民至上、自信自立、守正创新、问题导向、系统观念、胸怀天下。

（2）要学深悟透习近平新时代中国特色社会主义思想的立场、观点、方法，必须坚持人民至上，必须坚持自信自立，必须坚持守正创新，必须坚持问题导向，必须坚持系统观念，必须坚持胸怀天下。

这两句话的意思是一样的，但是表述方法不同，读法也就不同。第一句的"必须坚持"带六个宾语，每个宾语都和"必须坚持"关系密切，都是"必须坚持"的对象。各个宾语之间虽然可以有停顿，但停顿的时间要很短。这六个宾语组成一个联合词组，播音时要把它们作为"一个部分"连续读下来，这样自然会让人感到急切、紧张。因此这是一个由多个并列成分组成的紧张型语句。第二句每个宾语之前都有"必须坚持"，使之变成六个分句，都表达了明确的意思，各个分句之间的停顿就可以长一些了，读的时候也不用那么"赶"了，可以不慌不忙地读。因此第二句是舒缓型语句。

一般来说，长单句的附加成分或联合成分多，停顿少，读时速度快，有紧张感。复句的情况就不同了。复句包含几个分句，分句之间可以有明显的停顿。如果一个句子的各个分句都比较简短，结构不复杂，并且有关联词帮助表明分句之间的关系，这样的句子不管多长，都可以按说话的自然节奏，一层一层、从容不迫地表达。例如：

（1）如果大家都珍惜大自然，合理地利用大自然，而且不断地培育树木，那么，长江之水就会千秋万代清清地流淌。

（2）假如从山脚拾级而上，那么，随着自己的不断上升,你不但能够感受到春夏秋冬的变化,而且可以饱享眼福——看到春华、秋实、冰雪、百花。

这两个都是复句,第二个复句还比较长,但分句较短、停顿多,关联词用得恰当,层次清楚,关系分明,读起来情绪松弛,可以随时调整呼吸,不慌不忙,不紧张,不费劲。这样舒缓型的句子,播音时是比较容易表达的。

有的稿子以紧张型语句为主,全篇就是几句长且结构复杂的话。读这种稿子比较考验气息基本功,几口气就得读完。有的稿子是紧张型语句和舒缓型语句交错使用的,一会儿松,一会儿紧。有的稿子通篇是用舒缓型语句写成的,读起来舒缓轻松。请看下面这篇稿子:

广西一位全国人大代表乘公共汽车憋了一肚子气。24日晚,这位代表到北京大学看望老朋友。十点,乘332路车返回住地。他想到动物园倒车,因路不熟,便问售票员:"请问动物园到了吗?"对方默不作声。再问,仍不理睬。这位代表怕坐过站,急了,说:"我问的话你听见了吗?"对方仍不语。后来,他在其他乘客的指引下到动物园下了车,并找车队反映这一情况。第二天一早,被投诉的售票员登门向这位人大代表道歉:"我错了,我一定改正。欢迎您再乘坐332路汽车,欢迎您批评监督,我是608号售票员。"下午,车队领导也登门表示歉意。双方握手言和。

这篇稿子不长,是用舒缓型语句写的,读起来比较轻松,没有前后套接、拉扯不断的现象。内容分散表达,不庞杂,不集中,很好理解。

舒缓型语句的特点是:附加成分少,联合成分和同位成分少;句子的基本成分挨得紧、靠得近;在表意明确的前提下,多用省略句、无主句、无谓句。

稿件里紧张型语句和舒缓型语句都有,但从媒介特点来考虑,舒缓型语句更适合播音。因为舒缓型语句简洁明快,干净利落,念得上口,听得入耳,读和听都不费力。试想,受众工作了一天,已经比较疲劳了,休息时间听节目,又弄得情绪紧张,这样的事情谁愿意干呢?在实践中,这样的播音不是没有的,有的播音员调门提得很高,播讲的速度又快又赶,使受众只觉声音过耳,无暇思索。当然,我们也不能一概排除紧张型语句的播读。面对紧张型语句,要先分析好句子的结构,读的速度可以快一些,但要适度,让受众的思维跟得上。虽然句子结构复杂、读的速度快,但也要把语言的层次关系表达清楚,以便受众能够听得明白,容易理解。

后 记

首先需要说明一下,我不是专门做播音工作的。我曾经在广播电台做过编辑和采访工作,后来专门从事现代汉语教学工作,并结合语言教学,对播音语言进行过一些研究和探讨。

我经常听广播看电视,对播音也很关心,并注意琢磨和研究播音中的一些问题。依我看,播音这项工作伸缩性很大。如果只是照着稿子一字一句念给大家听,就是人们常说的"照本宣科",我看那是容易的事情,有一定的文化水平就能胜任。但是,要想把播音工作做得好,用有声语言自然流畅、准确生动表达思想内容,使人明白易懂,而且播得有声有色、悦耳动听,那就不是一件容易的事情了。所以,同样是播音,但效果往往大不相同。有的播音,人们"喜闻乐听",越听越"有味";有的播音,人们就不喜欢听。

广播电视的播音工作,是以有声语言为工具进行广播电视传播。要想做好播音工作，自然需要有一副好嗓子，还得能说一口流利的普通话。但是，嗓音好、普通话讲得标准，不一定就能成为一名真正合格的播音员，因为还要具备其他方面的条件。一名真正合格的播音员还必须有较高的文化水平和广泛的社会知识，更要有语言方面的修养。播音，不就是语言的艺术吗？

我经常听不同台的播音，听不同播音员的播音，发现有些播音实在不能令人满意，急需加以改进和提高。有的播音，听起来断断续续、结结巴巴，三五个字一间歇，七八个字一停顿，词语不成"块儿"，意思不"抱团"，语气不连贯，这就影响了语意表达的完整性；有的播音，"突突突"地好像放机关枪，间歇、停顿不清，没有明显的节奏，让人分不清语言的层次和结构关系，这就影响了语意表达的明确性；有的播音，平平淡淡，缺少高低起伏和轻重快慢的语音变化，语气单调，语调平板，听起来不入耳，这就影响了语言表达的生动性。这种种现象，都说明一个问题，就是有些播音员对语言缺乏分析能力和鉴赏能力，缺乏语言方面的艺术修养，因而也就限制了他们对稿件内容的理解力和播音的表现力。

语言是以语音为物质外壳、以词汇为建筑材料、以语法为结构规律构成的体系。语法就是语言的结构规则。我们播音中表达的每个词组、每个句子、每个语段，都是按照现代汉语语法规则组合而成的。播音不仅要读音标准、声调准确，还要把语句的结构和类型清楚地表达出来。播音要遵循语言的结构规则进行表达，必须克服语言表达中的盲目性和随意性。不仅写稿人要掌握和遵循语言结构规则，将其用于写作实践；播稿人同样要掌握语言结构规则，借以提高运用有声语言进行表情达意的能力，更准确、更充分、更完美地传播内容。

播音中的间歇停顿、语气语调、轻重音变化以及速度快慢等，无不与语言结构和句型有直接关系。播音时按照语法规则正确地进行表达，可以使人听起来语言结构清楚，层次分明，关系明确，语意鲜明，"一听了然"，更便于广大受众对传播内容的理解和接受。

播音离不开语法，语法指导着播音，播音和语法有着密切的关系。播音员既是党的宣传工作者，又是语言艺术工作者。学习语言，掌握语言，提高分析语言和运用语言的能力，这对于播音员来说是非常必要的。

前面已经说过，我不是专门搞播音工作的，也不是全面来谈播音业务的。我只是从播音必须遵循语言结构这个方面，来谈播音中需要注意和改进的几个问题。这算是受众谈播音吧，不妥之处也就难免了，欢迎批评指正。

在编写本书的过程中，北京广播学院齐越教授给予了热情鼓励和具体指导，深表感谢。河北省广播电视厅的刘述同志和刘新坦同志，非常认真负责，为编辑此书花了不少精力，并提出很多宝贵意见，特表谢意。2023年底，隋鹏向我转达了他的师姐赵欣再版这本小书的美意。隋鹏、赵欣都是老友齐越教授的再传弟子。隋鹏和我女儿冬梅还是中央广播电视总台的同事。赵欣是中国传媒大学出版社播音主持与表演分社的社长，想再版一些对中国播音学发展有所助益的著作。在隋鹏的推荐下、在赵欣的积极推动下，这本原为内部资料的小册子正式出版。我感到高兴，快四十年了，这本小册子如果还能发挥一点作用，那是再好不过的事情了。利用几个月的时间，我梳理了原稿，尽量保留原汁原味，也请隋鹏帮我替换了一些明显过时的例子。感谢他们的付出！也感谢责任编辑张笛、高卓毓的精心编校！

施　旗

一九八五年九月　于北京

二〇二四年六月　改于北京